SIN FRONTERAS: INCLUSIVE SPANISH GRAMMAR GUIDEBOOK

Liana Stepanyan, María Mercedes Fages Agudo,
Carolina Castillo Larrea, Goretti Prieto Botana

The complete manuscript of this work was subjected to a partly closed ("single-anonymous") review process. For more information, visit https://acpress.amherst.edu/peerreview/.

Published in the United States of America by Amherst College Press
Manufactured in the United States of America

Library of Congress Control Number: 2023951231

DOI: https://doi.org/10.3998/mpub.14417819

ISBN 978-1-943208-72-2 (open access)
ISBN 978-1-943208-71-5 (paperback)

Contents

INTRODUCTION   1

CAPÍTULO 1 LOS SUSTANTIVOS   7

A. EL GÉNERO DE PERSONAS   7

  GÉNERO DE PERSONAS   8

  SUSTANTIVOS PARA HABLAR DE PERSONAS   8

    PRÁCTICA   10

B. LOS SUSTANTIVOS COMUNES   13

    PRÁCTICA   14

C. LA FORMA PLURAL DEL SUSTANTIVO   17

    PRÁCTICA   18

¿SABÍAS QUE...?   20

A ESCRIBIR   21

CHAPTER 1 ANSWER KEY   24

CAPÍTULO 2 LOS ARTÍCULOS   26

A. EL ARTÍCULO INDEFINIDO   26

    PRÁCTICA   28

B. EL ARTÍCULO DEFINIDO   30

    PRÁCTICA   31

C. EL ARTÍCULO DEFINIDO CON NOMBRES PROPIOS   33

    PRÁCTICA   33

D. EL ARTÍCULO DEFINIDO CON EXPRESIONES DE TIEMPO   34

    PRÁCTICA   35

E. OTROS USOS DEL ARTÍCULO DEFINIDO   35

    PRÁCTICA   36

F. OMISIÓN DEL ARTÍCULO   37
    PRÁCTICA   38
¿SABÍAS QUE...?   39
A ESCRIBIR   41
CHAPTER 2 ANSWER KEY   43

CAPÍTULO 3 LOS PRONOMBRES   47
A. LOS PRONOMBRES PERSONALES
    DE SUJETO   47
    PRÁCTICA   50
B. LOS PRONOMBRES PREPOSICIONALES   51
    PRÁCTICA   52
C. LOS PRONOMBRES PERSONALES DE
    COMPLEMENTO DIRECTO   52
    PRÁCTICA   54
D. LOS PRONOMBRES PERSONALES DE
    COMPLEMENTO INDIRECTO   55
    PRÁCTICA   57
E. LOS PRONOMBRES PERSONALES DE
    COMPLEMENTO DIRECTO E INDIRECTO   59
    PRÁCTICA   61
F. LOS PRONOMBRES REFLEXIVOS   63
    PRÁCTICA   64
G. LOS PRONOMBRES POSESIVOS   65
    PRÁCTICA   66
¿SABÍAS QUE...?   68
A ESCRIBIR   70
CHAPTER 3 ANSWER KEY   72

CAPÍTULO 4 LOS ADJETIVOS   77
A. LOS ADJETIVOS DESCRIPTIVOS   77
    PRÁCTICA   79
B. LOS ADJETIVOS POSESIVOS   80
    PRÁCTICA   81
C. LOS ADJETIVOS DEMOSTRATIVOS   83
    PRÁCTICA   84
¿SABÍAS QUE...?   87
A ESCRIBIR   89
CHAPTER 4 ANSWER KEY   91

CAPÍTULO 5 LOS NÚMEROS   94
A. LOS NÚMEROS CARDINALES   94
        PRÁCTICA   97
B. LOS NÚMEROS ORDINALES   98
        PRÁCTICA   100
¿SABÍAS QUE...?   102
A ESCRIBIR   104
CHAPTER 5 ANSWER KEY   106

CAPÍTULO 6 EL PRESENTE DE INDICATIVO   108
A. EL PRESENTE DE INDICATIVO: VERBOS
    REGULARES   108
        PRÁCTICA   111
B. PRESENTE DE INDICATIVO: VERBOS
    IRREGULARES   114
        PRÁCTICA   116
¿SABÍAS QUE...?   120
A ESCRIBIR   122
CHAPTER 6 ANSWER KEY   124

CAPÍTULO 7 SER Y ESTAR, HABER Y ESTAR   128
A. SER Y ESTAR   128
        PRÁCTICA   130
B. HABER Y ESTAR   132
        PRÁCTICA   133
¿SABÍAS QUE...?   136
A ESCRIBIR   137
CHAPTER 7 ANSWER KEY   139

CAPÍTULO 8 EL PRESENTE PROGRESIVO   142
        PRÁCTICA   144
¿SABÍAS QUE...?   149
A ESCRIBIR   151
CHAPTER 8 ANSWER KEY   153

CAPÍTULO 9 LAS ORACIONES
        INTERROGATIVAS Y EXCLAMATIVAS   156
A. LAS ORACIONES INTERROGATIVAS   156
        PRÁCTICA   158

B. LAS ORACIONES EXCLAMATIVAS 162
    PRÁCTICA 163
¿SABÍAS QUE...? 165
A ESCRIBIR 168
CHAPTER 9 ANSWER KEY 170

CAPÍTULO 10 LAS COMPARACIONES 173
A. LA COMPARACIÓN: DESIGUALDAD 173
    PRÁCTICA 175
B. LA COMPARACIÓN: IGUALDAD 177
    PRÁCTICA 178
C. LA COMPARACIÓN: EL SUPERLATIVO 179
    PRÁCTICA 181
¿SABÍAS QUE...? 184
A ESCRIBIR 187
CHAPTER 10 ANSWER KEY 189

CAPÍTULO 11 EL IMPERATIVO 192
A. EL IMPERATIVO: FORMAL 192
    PRÁCTICA 194
B. EL IMPERATIVO: INFORMAL 197
    PRÁCTICA 199
¿SABÍAS QUE...? 202
A ESCRIBIR 204
CHAPTER 11 ANSWER KEY 207

CAPÍTULO 12 EL PRETÉRITO 209
A. EL PRETÉRITO: VERBOS REGULARES 209
    PRÁCTICA 210
B. EL PRETÉRITO: VERBOS IRREGULARES 212
    PRÁCTICA 213
¿SABÍAS QUE...? 216
A ESCRIBIR 217
CHAPTER 12 ANSWER KEY 220

CAPÍTULO 13 EL IMPERFECTO 222
    PRÁCTICA 224
¿SABÍAS QUE...? 227
A ESCRIBIR 229
CHAPTER 13 ANSWER KEY 232

CAPÍTULO 14 EL PRETÉRITO Y
    EL IMPERFECTO   234
        PRÁCTICA   235
¿SABÍAS QUE...?   238
A ESCRIBIR   241
CHAPTER 14 ANSWER KEY   243

CAPÍTULO 15 EL FUTURO   245
A. EL FUTURO SIMPLE: VERBOS
    REGULARES   245
        PRÁCTICA   247
B. EL FUTURO SIMPLE: VERBOS
    IRREGULARES   249
        PRÁCTICA   250
¿SABÍAS QUE...?   252
A ESCRIBIR   254
CHAPTER 15 ANSWER KEY   256

CAPÍTULO 16 EL PRESENTE DE
    SUBJUNTIVO   258
A. EL PRESENTE DE SUBJUNTIVO EN
    CLÁUSULAS NOMINALES: VERBOS
    REGULARES   258
        PRÁCTICA   261
B. EL PRESENTE DE SUBJUNTIVO EN
    CLÁUSULAS NOMINALES: VERBOS
    IRREGULARES   263
        PRÁCTICA   265
C. EL PRESENTE DE SUBJUNTIVO EN
    CLÁUSULAS ADVERBIALES   268
        PRÁCTICA   268
¿SABÍAS QUE...?   271
A ESCRIBIR   273
CHAPTER 16 ANSWER KEY   276

APPENDIX 1 USING DIRECT NON-BINARY
SPANISH   279
    PRÁCTICA   284
APPENDIX 1 ANSWER KEY   286

APPENDIX 2 INTRODUCTION TO THE USE
OF VOSEO   288
    PRÁCTICA   294
APPENDIX 2 ANSWER KEY   296

CREDITS   298

INTRODUCTION

Sin *fronteras* introduces an innovative approach to the concept of a grammar reference book. The inclusion of direct non-binary language and *voseo* is intended to offer a broader, more complete view of the Spanish language and to promote the diverse and fair representation of its many vibrant voices. While considerable work remains to be done in the development of pedagogical approaches, curricula, and educational materials that include language variations in Spanish-speaking countries and embrace diverse gender identities and expressions, this book presents numerous opportunities to explore gender-neutral language in Spanish as well as the use of *vos* as a second-person singular pronoun and its associated verbal forms.

In the chapters of *Sin fronteras*, you will find concise explanations and exercises to practice all major clausal structures, tenses, and moods. This book expands the scope of traditional grammar instruction by including tasks such as reading, writing, discussion, and independent research in order to support the development of the competencies necessary to thrive in the increasingly interconnected and diverse world.

This volume does not claim to offer an exhaustive representation of the current state of Spanish; rather, its goal is to serve as a tool for a more inclusive approach in Spanish pedagogy in order to propel the conversation further on the matters of non-binarism, diversity, and inclusion.

Gender in Spanish

In Spanish, grammatical gender refers to the categorization of Spanish nouns as either masculine (frequently ending in *-o*: *chico, libro, zapato*) or feminine (frequently ending in *-a*: *chica, mesa, planta*). Therefore, there is a marked distinction between the female and male genders. Moreover, the masculine grammatical gender is considered the default; for example, the conventional plural form to address a group of people of mixed or unknown genders is masculine (*bienvenidos a todos*; *hola, chicos*). In the early 2000s, various guidelines on inclusivity were proposed to eliminate sexism in the language and promote gender equality. Some of these forms remain in active use, for instance, collective or generic nouns (*la plantilla de la empresa* as opposed to *los trabajadores*, masculine), metonymic constructions (*la gerencia* as opposed to *los gerentes*, masculine), split forms (*los trabajadores y las trabajadoras*, masculine and feminine), the slash (*impreso para el/la cliente/a*, masculine/feminine), and so on. Another significant step towards mitigating the gender biases present in the binary marking of gender morphology of Spanish was the proposal to adopt orthographic markers such as -@ or -x, for example, Latinx or Latin@. Solidified in the 2000s, the use of these symbols currently appears mostly in academic writing due to, among other things, the challenges they present for integration into oral speech (Papadopoulos, 2022; Parra & Serafini, 2021; Giammatteo, 2020).

The use of *-e* as a gender-neutral morphological form was first proposed in 1976 by Álvaro García Meseguer to address linguistic sexism. In the early 2020s, its adoption was consolidated in non-binary communities and beyond. For instance, at first in Argentina, the use of *-e* was largely generational; it gained momentum in 2018 with the discussion of the country's abortion law and the fight for the sexual and reproductive rights of women. Shortly after, it became pervasive not only in social media but also in educational, cultural, and public institutions (Guerrero Salazar, 2021; Stetie & Zunino, 2022; Tosi, 2019). These and many other alternative forms of gender-neutral language have been received with varying degrees of appreciation; however, it appears that in spite of the fierce opposition of some linguists, institutions such as the *Real Academia Española* (RAE, Royal Spanish Academy), and others, the use of *-e* as a non-binary morphological form is the one to have persisted in both oral and written languages in Latin America, Spain, and Spanish-speaking communities of the United States.

A broader turn toward inclusive practices has yielded multiple studies on identity-focused pedagogies that provide evidence of the advantages of inclusive education in language classrooms. Much of this work focuses on teaching French as a second language (Knisely, 2022b, 2022a, 2020; Kosnick, 2021; Meyer & Hoft-March, 2021). In Spanish, the nascent scholarship, centered on the third-person singular pronoun *elle* and *-e* as a non-binary morphological form (Bonnin & Coronel 2021; Diaz et al, 2022; Papadopoulos, 2019; Parra & Serafini, 2021; Raiter, 2020; Stetie & Zunino, 2022), also attests to the multiple benefits of inclusive language instruction. The findings presented in these studies, and the advances in the ongoing international discourse that embraces and acknowledges diverse gender identities and expressions in language instruction, have been quite encouraging. With this knowledge in hand, and driven by discussions with colleagues at various international schools and universities, as well as members of LGBTQ+ communities worldwide, this grammar guide adopts *elle* as a gender-neutral pronoun and *-e* as a non-binary morphological form in Spanish language instruction. The latter, already widely used, resolves many linguistic issues and addresses cultural and social questions that arise due to the extant phonological and morphological characteristics of Spanish (e.g., epicene nouns such as *estudiante*). Therefore, the gender-neutral *le chique* (the young person, non-binary, singular) instead of *la chica* (the girl, feminine, singular) or *el chico* (the boy, masculine, singular), and the gender-neutral *les chiques* (the young people, non-binary, plural) instead of the masculine generic *los chicos* (the boys and the boys and the girls, plural), easily integrate into the Spanish language. While we understand that reflecting these changes is tantamount to capturing a moving target, we hope that this grammar guide will provide learners with a snapshot of the actively evolving path that Spanish is on at the time of publication.

It is worth noting that, in spite of the limitations it may entail, we use "non-binary" as an umbrella term to refer to individuals who characterize themselves outside of the gender binary, for example, as neither exclusively male nor exclusively female, as both, as anywhere in between, as genderless, and/or as male and female at different times. Similarly, we use "non-binary language" and "gender-neutral language" to describe the linguistic forms that are neither masculine nor feminine and are often used to refer to people outside of the binary gender forms of the Spanish language. It is also important to consider that not all non-binary individuals use non-binary language to refer to themselves and not all individuals who use non-binary language self-identify as non-binary. It is generally best to follow an individual's lead on which linguistic forms to use.

Voseo

Sin fronteras was designed to present a more inclusive and comprehensive overview of Spanish grammar, and therefore, it also features *voseo*: the use of *vos* as a second-person singular pronoun and the verbal forms associated with it. While over time, *vos* lost currency in Spain, it has survived in former Spanish colonies, particularly in regions with a greater cultural and geographic disconnect from Spain, such as Argentina and Uruguay. Today, at least one-third of the Spanish-speaking population of Latin America uses *voseo*.

Voseo is not typically taught to learners of Spanish as a second language, due to the stigma associated with its use, among other reasons. However, while in many regions the use of *voseo* came to be considered incorrect and vulgar for a variety of linguistic and social factors, in others, such as in Argentina, *voseo* is the norm. Still, including *voseo* in second-language instruction is also complicated because of regional variation and the multiple meanings that this linguistic phenomenon conveys. For instance, *voseo* can be used to indicate intimacy and closeness, as well as for reprimanding, commanding, making requests, asking for favors, comforting, marking deference, setting distance, and complaining. We believe that in highlighting *voseo*, this volume both contributes to the destigmatization of this widespread linguistic variation and provides learners with a more complete, larger-scope view of the Spanish language.

How To Use *Sin fronteras*

Intended to accompany intermediate- and advanced-level Spanish language instruction, this book provides concise explanations for all major clausal structures, tenses, and moods. For each of these linguistic elements, and wherever applicable, it reports on the use of non-binary language and *voseo*. In every chapter, the grammar section offers a wide variety of opportunities to apply and practice these structures. The reading section presents texts to contextualize and expand on the linguistic phenomena examined in the grammar section. Here, too, we include topics pertaining to various aspects of non-binary identities and the use of *voseo*. Each chapter then culminates in a writing assignment that calls for the learned structures to be produced at the paragraph level, allowing the learner to hone writing skills while synthesizing and reflecting on the information presented.

Sin fronteras can be used in both lower- and upper-division courses, which may include classes for heritage speakers, classes focused on special topics (e.g., medical Spanish, Spanish for business), conversation classes, as well as literature classes taught in Spanish and courses based on open educational resources. Instructors of these courses often rely on supplementary grammar books and can choose to use *Sin fronteras* in its entirety or select the chapters that best suit their pedagogical needs, tapping into the reading, writing, and speaking activities as they see fit.

Independent language learners can use this book to broaden their knowledge of the various linguistic forms that Spanish affords and engage with texts spanning a wide range of topics, from everyday life and music to history and identity. The user-friendly format allows them to navigate through the book at their own pace while familiarizing themselves with the main rules that govern high-frequency structures, compacted in a single volume and followed by ample opportunities for practice.

Available in open-access, digital format as well as for purchase as a print book, *Sin fronteras* aims to empower educators and learners by reducing financial barriers and supporting different learning styles, abilities, and accessibility needs with the goal of promoting a more equitable educational experience. The format and the versatility of this book allow instructors to tailor it to their pedagogic goals. Furthermore, Hypothesis, the integrated digital annotation tool available on the publishing platform Fulcrum, helps provide detailed feedback and facilitates collaborative learning. Learners can maximize their understanding and retention of the content by using the annotation tool on their own or in collaboration with others.

In broader terms, *Sin fronteras* aims to provide learners of Spanish with educational materials that celebrate the variety of forms available to Spanish speakers and advance the conversation on diverse and fair representation while also promoting accessible and equitable learning practices.

References

Bonnin, J. E., & Coronel, A. A. (2021). Attitudes toward gender-neutral Spanish: Acceptability and adoptability. *Frontiers in Sociology*, *6*, 629616. https://doi.org/10.3389/fsoc.2021.629616

Diaz, A. R., Mejía, G., & Villamizar, A. G. (2022). Gender neutral and non-binary language practices in the Spanish language classroom: Tensions between disciplinary and societal changes. *L2 Journal, 14*(3), 1–17. https://doi.org/10.5070/L214356302

Giammatteo, M.(2020). El género gramatical en español y la disputa por el género. *Cuarenta Naipes, 3,* 177–198. https://fh.mdp.edu.ar/revistas/index.php/cuarentanaipes/article/view/4885

Guerrero Salazar, S. (2021). El lenguaje inclusivo en la universidad española: La reproducción del enfrentamiento mediático. *Círculo de Lingüística Aplicada a la Comunicación*, *88*(2021), 15–30. https://doi.org/10.5209/clac.78294

Knisely, K. (2020). Le français non-binaire: Linguistic forms used by non-binary speakers of French. *Foreign Language Annals*, *53*(4), 850–876. https://doi.org/10.1111/flan.12500

Knisely, K. (2022a). Gender-just language teaching and linguistic competence development. *Foreign Language Annals*, *55*(3), 644–667. https://doi.org/10.1111/flan.12641

Knisely, K. (2022b). Gender-justice and the development of intersectional thinking: Evidence from an intermediate French course. *CFC Intersections*. *1*(1), 147–160. https://doi.org/10.3828/cfci.2022.11

Kosnick, K. (2021). *Inclusive language pedagogy for (un)teaching gender in French*. Routledge.

Meyer, E., & Hoft-March, E. (2021). *Teaching diversity and inclusion: Examples from a French-speaking classroom*. Taylor & Francis. https://doi.org/10.4324/9781003126461

Papadopoulos, B. (2019). *Morphological gender innovations in Spanish of genderqueer speakers.* (MA thesis, University of California, Berkeley). https://escholarship.org/content/qt6j73t666/qt6j73t666_noSplash_56099570b0328c00c05bd4bbf77b85f4.pdf?t=q2njtl

Papadopoulos, B. (2022). A brief history of gender-inclusive Spanish / Una breve historia del español no binario. *Deportate, Esuli, Profughe, 48*(1), 31–48. https://www.unive.
it/pag/fileadmin/user_upload/dipartimenti/DSLCC/documenti/DEP/numeri/n48/08_
Papadopoulos_English.pdf

Parra, M., & Serafini, E. (2021). "Bienvenidxs todes": El lenguaje inclusivo desde una perspectiva crítica para las clases de español. *Journal of Spanish Language Teaching, 8*(2),
143–160. https://doi.org/10.1080/23247797.2021.2012739

Raiter, A. (2020). Variación lingüística e identidad. *Cuarenta Naipes, 3*, 275–294. https://
fh.mdp.edu.ar/revistas/index.php/cuarentanaipes/article/view/4890

Stetie, N., & Zunino, G. (2022). *Non-binary language in Spanish?* Comprehension of non-
binary morphological forms: a psycholinguistic study. *Glossa: A Journal of General
Linguistics, 7*(1), 1–38. https://doi.org/10.16995/glossa.6144

Tosi, C.L. (2019). Marcas discursivas de la diversidad: Acerca del lenguaje no sexista y la
educación lingüística: aproximaciones al caso argentino. *Álabe, 10*(20), 1–20. https://
doi.org/10.15645/Alabe2019.20.11

Zunino, G. M., & Stetie, N. A. (2021). Binary or non-binary? Gender morphology in
Spanish: differences dependent on the task. *PsyArXiv* (in press). https://doi.org/
10.31234/osf.io/2nd47

CAPÍTULO 1

LOS SUSTANTIVOS

→ El género de personas
→ Sustantivos para hablar de personas
→ Los sustantivos comunes
→ La forma plural del sustantivo

A. EL GÉNERO DE PERSONAS

| **Ella** es Silvia. | **Él** es Jorge. | **Elle** es Meli. |
| **Ella** es maestr**a**. | **Él** es maestr**o**. | **Elle** es maestr**e**. |

In Spanish, common nouns can be masculine or feminine: **el gato** (cat, masculine), **la chica** (girl, feminine), **el amor** (love, masculine), **la celebración** (celebration, feminine). When speaking of people's gender, male, female, and non-binary forms are used.[1]

---

1. In addition to the masculine and feminine genders traditionally used in Spanish, this book includes one of the most commonly used non-binary pronouns, *elle*, and the grammar forms related to it. Please see Appendix 1 to learn more. It also describes the various uses of the second-person singular pronoun *vos* and the verb forms associated with it. Please see Appendix 2 to learn more.

GÉNERO DE PERSONAS

Masculino	Femenino	No binario
el hombre, el chico = the man, the boy	la mujer, la chica = the woman, the girl	le chique = the young person, non-binary
él = he	ella = she	elle = they, singular, non-binary
el padre = the father	la madre = the mother	le adre, le xadre = the parent, non-binary

In this book, in spite of the limitations it may entail, we use "non-binary" as an umbrella term to refer to individuals who characterize themselves outside of the gender binary, for example, as neither exclusively male nor exclusively female, as both, as anywhere in between, as genderless, and/or as male and female at different times. Similarly, we use "non-binary language" and "gender-neutral language" to describe linguistic forms that are neither masculine nor feminine and are often used to refer to people outside of the binary gender forms of the Spanish language. It is important to consider that because not all non-binary individuals use non-binary language to refer to themselves, and not all individuals who use non-binary language self-identify as non-binary, it is generally best to follow an individual's lead on which linguistic forms to use.

SUSTANTIVOS PARA HABLAR DE PERSONAS

Masculino	Femenino	No binario
-o	*-a*	*-e*
el hijo	la hija	le hije
el cocinero	la cocinera	le cocinere
-consonante	*-a*	*-e*
el profesor	la profesora	le profesore
el pintor	la pintora	le pintore
-ante, -ista	*-ante, -ista*	*-ante, -iste*
el estudiante	la estudiante	le estudiante
el deportista	la deportista	le deportiste
otras terminaciones	*otras terminaciones*	*otras terminaciones*
el paciente	la paciente	le paciente
el rey	la reina	le reine

Ejemplos:
- Julia es mi hij**a**. **Ella** es enfermer**a**.
- Mario es mi hij**o**. **Él** es enfermer**o**.
- Silvia es mi hij**e**. **Elle** es enfermer**e**.

Some non-binary nouns have irregular endings.

Ejemplos:
- la amiga (feminine), le amig**ue** (non-binary)
- el chico (masculine), le chi**que** (non-binary)

Plural forms of common nouns are discussed in the next section. To pluralize non-binary nouns, add **-s**:

Ejemplos:
- le hije (singular), les hije**s** (plural)
- le pintore (singular), les pintore**s** (plural)
- le cocinere (singular), les cocinere**s** (plural)

When referring to a group consisting of people of different genders or whose gender is unknown, the plural masculine form is generally used. However, a more inclusive way to refer to such a group is to use the plural non-binary form.

Ejemplos:
- Amig**os**, pasen, por favor. (= people of different or unknown genders; less inclusive)
- Amig**ues**, pasen, por favor. (= people of different or unknown genders; more inclusive)
- Buenos días, chic**os**. (= people of different or unknown genders; less inclusive)
- Buenos días, chi**ques**. (= people of different or unknown genders; more inclusive.)

PRÁCTICA

Actividad 1.1

| Juan (género masculino) | Elisa (género femenino) | Noel (género no binario) |

Look at these pictures and replace the nouns in the following sentences with the corresponding pronouns.

Ejemplo: ¿Qué hace <u>la niña</u>? **Ella** estudia.

1. ¿Qué lee Juan? _____ lee un libro.
2. ¿Qué hace Elisa? _____ monta su bicicleta.
3. ¿Qué instrumento toca Noel? _____ toca la guitarra.

Actividad 1.2

Look at this family tree and complete the sentences below with the words from the list.

hija   padre   abuela   niete   madre   hermane   abuelo

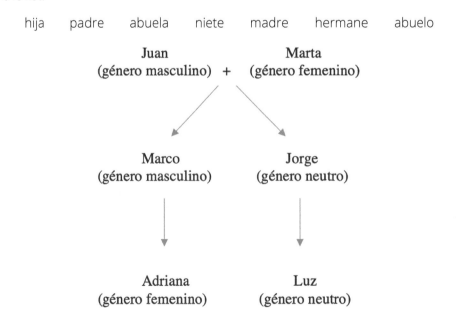

1. Juan es el _____ de Marco.
2. Marta es la _____ de Marco y Jorge.
3. Jorge es le _____ de Marco.
4. Marta es la _____ de Adriana y Luz.
5. Luz es le _____ de Juan y Marta.
6. Adriana es la _____ de Marco.
7. Juan es el _____ de Adriana y Luz.

Actividad 1.3

Read the sentences below and complete them with the words from the list.

abogade   maestra   auxiliar de vuelo   cocinera

cartero   policíe   bombero

1. Le _____ guarda el orden.
2. El _____ reparte la correspondencia.
3. Le _____ ayuda a los pasajeros.
4. La _____ prepara la comida.
5. La _____ enseña la clase.
6. El _____ apaga el incendio.
7. Le _____ defiende a su cliente.

Actividad 1.4

Profesiones

Paso 1. Complete this activity with a partner.

You and your partner will be exchanging information on your imaginary families. Use the information provided to speak about the occupations of your imaginary family members (F = female, M = male, NB = non- binary). Your partner should not look at your family, and vice versa. You can cover your partner's family with a piece of paper.

Ejemplo: Ana es mi herman**a**. **Ella** es doctor**a**.

LA FAMILIA IMAGINARIA DE ESTUDIANTE 1

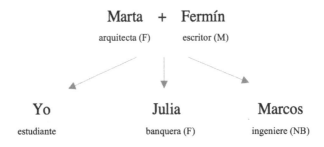

LA FAMILIA IMAGINARIA DE ESTUDIANTE 2

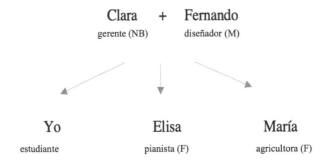

Paso 2. Now that you have exchanged information on your imaginary families, write down some of the similarities and differences between them.

Actividad 1.5

Mi familia

Complete this activity with a partner.

Paso 1. Think of your own family and draw a genealogical tree with the names of your family members.

Paso 2. Talk to your partner about each member of your family. Ask questions to identify the similarities and differences between your families and complete the activity below. If your families do not conform to one or more of the descriptions, use something else to compare them.

- La familia más numerosa:
- La familia que vive en la misma ciudad:
- La familia con más mascotas:

B. LOS SUSTANTIVOS COMUNES

In Spanish, common nouns can be masculine or feminine. Non-binary pronouns are only used to refer to people.

Ejemplos:
- Mi mochil**a** es nueva. (feminine)
- Juan tiene un carr**o** nuevo. (masculine)

Masculine and feminine nouns have different endings.

Masculino	Femenino
-o	*-a*
el libro	la mochila
el cuaderno	la literatura
*exceptions**	*exceptions**
el día	la foto
el mapa	la mano
days of the week	*-ción*
el lunes	la situación
el domingo	la canción
compound nouns	*-dad, -tad*
el paraguas	la ciudad
el cumpleaños	la amistad

*Nouns ending with a **consonant** or *-e* can be either masculine or feminine.

Masculino	Femenino
el café	la clase
el sol	la luz

*Names of animals can be either masculine or feminine.

Masculino	Femenino
el cocodrilo	la rata
el canguro	la ballena

Some names of animals can have both forms.

Masculino	Femenino
el gato	la gata
el perro	la perra
but	*but*
el gallo	la gallina
el toro	la vaca

*When in doubt, look up the noun in a dictionary.

PRÁCTICA

Actividad 1.6

Look at the nouns in the list below and place them in the correct category based on their gender.

verdad   cama   domingo   ventana   habitación   gallo
papel   calidad   situación   mar   casa   hotel

Sustantivos de género femenino	Sustantivos de género masculino

Actividad 1.7

Look at the nouns below and cross off the one whose gender is different from the others in the row.

1.	libro	regalo	universidad	paraguas
2.	lámpara	cuaderno	computadora	comparación
3.	vela	auto	puerta	ventana
4.	jueves	zapato	metro	televisión
5.	dificultad	museo	teléfono	piso

Actividad 1.8

Determine the gender of the following nouns.

1. coche _____
2. mar _____
3. pastel _____
4. foto _____
5. mapa _____
6. sofá _____
7. soledad _____

Actividad 1.9

Mi mochila

Complete this activity with a partner.

Paso 1. Ask your partner about the objects in his/her/their backpack. Identify the gender of each object that your partner mentions and place it in one of the columns below.

Ejemplo:
¿Qué tienes en tu mochila para la clase de literatura?
—Tengo un libro. (un libro = masculino)

Género femenino	Género masculino	No estoy seguro/a/e
		Ejemplo: ¿el lápiz o la lápiz?

Paso 2. Ask your instructor the gender of the nouns you wrote in the third column.

Paso 3. Compare the items in your backpack with those in your partner's to complete the activity below.

- Cosas que tenemos en común en las mochilas:
- Cosas que tenemos en las mochilas pero no usamos para las clases:

Actividad 1.10

Objetos en mi closet

Complete this activity with a partner.

Paso 1. Many of the words below are English cognates. Others have similarities with words in other languages Work with your partner to figure out what they mean.

guantes	brazalete	bañador
botas	pantalones	blusa
pantalón corto	sombrero	lentes de sol
jeans	abrigo	suéter

Paso 2. Work with your partner to place the words from Paso 1 into one of the gender categories below. Ask your instructor if you have questions.

Género femenino	Género masculino

Paso 3. Think of a place you would like to travel to. Choose six items from Paso 2 that you would like to take with you if you went there. Write them down.

Ejemplo:
En mi viaje, voy a llevar un abrigo.

Paso 4. Ask your partner questions to figure out what items he/she/they is/are taking. Write them down. Based on the items your partner selected, write some of the destinations they might be traveling to (the beach, the mountains, a city, etc.).

Ejemplo:
Mi compañero/a/e probablemente va a una playa porque va a llevar un bañador.

C. LA FORMA PLURAL DEL SUSTANTIVO

In Spanish, nouns can be singular or plural.

Singular	Plural
-a, -e, -i, -o, -u	*+ s*
pluma	plumas
cuaderno	cuadernos
-consonante	*+es*
papel	papeles
ciudad	ciudades
-ás, -és, -ís, -ós, -ús	*+es*
país	países
autobús	autobuses
-s (una sílaba)	*+es*
mes	meses
-as, -es, -is, -os, -us	*sin cambio*
(el) lunes	(los) lunes
(el) cumpleaños	(los) cumpleaños

Ejemplos:

- Tengo dos cuadern**os**, unas plum**as**, papel**es** y muchas otras cos**as** sobre mi escritorio.
- El lun**es** Marco va a comprar unas manzan**as**, dos sand**ías** y chocolat**es**.

Some nouns only have a plural form:

Singular	Plural
x	(los) lentes
x	(las) vacaciones

Some nouns only have singular forms:

Singular	Plural
(la) sed	x
(la) salud	x

Nouns ending in **-z** change to **-ces**: actri**z** → actri**ces**, nari**z**→ nari**ces**.

Some nouns drop the written accent mark in the plural form: canci**ó**n → canciones, ingl**é**s→ ingleses.

PRÁCTICA

Actividad 1.11

Write the plural forms of the nouns.

Ejemplos: ala → ala**s**, coche → coche**s**.

1. casa _____
2. libro _____
3. chico _____
4. madre _____
5. foto _____
6. café _____
7. escuela _____

Actividad 1.12

Write the plural forms of the nouns.

1. postal _____
2. habitación _____
3. autobús _____
4. paraguas _____
5. nuez _____
6. hermane _____
7. ratón _____

Actividad 1.13

Answer the following questions.

1. ¿Qué mascotas tienes?
   _____
2. ¿Qué comes para el desayuno?
   _____
3. ¿Qué frutas te gustan?
   _____
4. ¿Qué ropa tienes en tu armario?
   _____
5. ¿Qué cosas compras en el supermercado?
   _____

Actividad 1.14

Mi casa

Paso 1. Look at the words below, imagine your dream house, and talk about it with a partner. Think about the number of rooms and floors it has, the types of amenities, and so on. Use verbs such as *quiero, me gustaría,* and *prefiero*. Ask your partner questions to find out what kind of house he/she/they would like to live in.

Ejemplo: Me gustaría vivir en una casa de cinco dormitorios y una piscina grande. ¿Qué tipo de casa quieres tú?

la cocina   la sala de estar   el balcón   el dormitorio

el patio   el jardín   el garaje   el sótano   la piscina

Paso 2. Write about five sentences on the differences and similarities between your dream house and that of your partner.

Actividad 1.15

Aficiones

Complete this activity with a partner. Your partner should not look at your list of friends, and vice versa. You can cover your partner's list with a piece of paper.

Paso 1. Look at the lists below and divide them with a partner. Talk to your partner about your friends, exchanging information about the sports they practice and the equipment they use. Ask questions to find out if your friends practice similar sports.

Ejemplo: Laura es mi amiga. Ella practica fútbol. Para jugar al fútbol, usa pelotas.

Estudiante 1:
  Ana: fútbol/pelota
  Lere: patinaje/patín
  José: boxeo/guante

Estudiante 2:
  Marta: tenis/raqueta
  Marcos: hockey/palo de hockey
  Julio: béisbol/bate

Paso 2. Now, think about the sports or activities you like. Write a few sentences about them and the equipment you use when you play them.

Paso 3. Ask your partner questions about the sports he/she/they like(s) and the equipment he/she/they use(s) to play them.

¿SABÍAS QUE...?
Antes de leer.

	This is a photo advertising a celebration that is particularly popular in Mexico. Look at the image and try to figure out what event you will be reading about. What elements of the picture give you clues?

A leer.

Read the article below and complete the activities that follow.

Soy quinceañere

La Quinceañera es una celebración hispana muy popular. Esta tradición se celebra de diferentes formas en el mundo hispano, pero en México tiene especial importancia. La palabra "quinceañera" se refiere a la fiesta y a la persona que se celebra en ese día. Con este evento, en el pasado, la familia presentaba a una joven a la comunidad y para el matrimonio. Sin embargo, en la actualidad, se anuncia el paso de la adolescencia a la adultez.

Hoy me toca a mí celebrar. En mi familia mexicana, nos referimos a esta celebración como Le Quinceañere. El día se va a iniciar con una misa especial con mis padres, padrinos, corte de honor, familiares y amigues. Durante la misa, voy a recibir la comunión y ofrecer un ramo de flores u otros regalos a la Virgen María. Aunque tradicionalmente la misa es parte del evento, en la actualidad algunas personas prefieren abandonar la ceremonia religiosa y celebrar directamente la fiesta. Mi fiesta se va a abrir con música y bailes. Algunas personas prefieren bailes muy complicados que requieren meses de práctica, pero el mío es fácil y lo ensayamos sólo tres veces. Durante la fiesta, va a haber muchas decoraciones, regalos, comida deliciosa y un pastel para los invitados. Algunos eventos tienen costumbres más locales durante la fiesta; por ejemplo, yo voy a cambiar de zapatos planos a zapatos de tacón y voy ponerme una corona. Hay familias que también mantienen una tradición maya, La Ceremonia de la Última Muñeca, donde el padre te obsequia una última muñeca. Otras familias pagan por un viaje después de la celebración. En mi familia, se suele regalar joyas. Como hije promogénite de la familia, voy a tener el honor de recibir la joya familiar que se pasa de generación en generación: un impresionante anillo de diamante. En definitiva, es una ocasión especial que representa un vínculo con el legado cultural.

La importancia de esta celebración es más grande cada día en los Estados Unidos. Es una costumbre que está muy vigente, especialmente en el oeste y centro-oeste del país, donde las comunidades mexicanas y centroamericanas son numerosas. Pero más allá de las familias latinas, existen hoy en los Estados Unidos compañías especializadas en eventos que anuncian esta celebración a adolescentes que no son de México o Latinoamérica y que, cuando ven fotografías, quieren celebrar su propia fiesta.

Después de leer.

Paso 1. Answer the following questions; then share your answers with the class.

1. ¿En qué país es especialmente significativa la celebración de la Quinceañera?
2. ¿Cómo ha evolucionado el significado de esta celebración?
3. ¿Qué partes suele tener esta celebración?
4. Además de países hispanos, ¿dónde se aprecia la influencia de esta tradición?
5. ¿Celebran de la misma manera todas las familias? Justifica tu respuesta con la información del texto.
6. ¿En qué medida es la celebración descrita una celebración convencional y en qué medida no?

Paso 2. Work with a partner to complete the following activity.

Busca en internet información sobre otras culturas que celebran el paso de la adolescencia a la adultez. Reflexiona sobre sus similitudes y diferencias, anótalas y compártelas con tus compañeros/as/es.

A ESCRIBIR

Paso 1. La composición
Antes de escribir.

1. Reflect on the activities you completed in this chapter and the skills you acquired. What did you learn about gender in Spanish? How do gendered nouns affect the way you speak about family members and professions?
2. Fill out the following table with information regarding your family and circle of friends:

	Comida favorita	Bebida favorita	Pasatiempo favorito	Deporte favorito
Tu padre/madre/adre				
Tu hermano/a/e				
Tu abuelo/a/e				
Tu mejor amigo/a/e en la escuela secundaria				
Tu mejor amigo/a/e en la universidad				

A escribir.

Now read the prompt and write a composition. In your composition, include some of these connectors for cohesion.

por otro lado	on the other hand
sin embargo	however
además	in addition/besides
por eso	that is why
aunque	although

Mis primes. Your cousins just moved into town and you'd like them to come to your friend's party. Send an email introducing your friend to your cousins: Carlos (male), Eli (non-binary), and Julia (female). Describe their personalities; mention where they are from, their age, hobbies, etc.; and ask if you can bring them to the party. Write about 10 sentences.

Después de escribir.

Proofread your composition:

- Did you use the correct endings for nouns?
- Did you include at least three connectors from the list?

Paso 2. Trabajo en pareja

Work with a partner to review each other's composition and give each other feedback.

1. Share your composition with your partner. As you read your partner's work, focus on the following:

- Have the ideas been developed fully? If not, provide suggestions to make it more comprehensive.
- Are appropriate connectors used to link ideas? If not, offer some examples to enhance cohesion.
- Are nouns used correctly? Do they have the correct endings? If not, underline the noun(s) with errors.

Once you have completed these steps, return the composition to your partner.

2. Look closely at your composition, noting the marked errors and reflecting on your partner's suggestions. Ask your instructor if you have any questions. Then rewrite it, taking into account your partner's feedback and correcting all grammatical errors. Hand in the final draft to your instructor.

¡Has aprendido mucho! ¡Enhorabuena!

CHAPTER 1 ANSWER KEY

Actividad 1.1
1. Él
2. Ella
3. Elle

Actividad 1.2
1. padre
2. madre
3. hermane
4. abuela
5. niete
6. hija
7. abuelo

Actividad 1.3
1. policíe
2. cartero
3. auxiliar de vuelo
4. cocinera
5. maestra
6. bombero
7. abogade

Actividad 1.6
Sustantivos de género femenino: verdad, casa, cama, ventana, habitación, calidad, situación

Sustantivos de género masculino: gallo, papel, mar, domingo, hotel

Actividad 1.7
Nouns that don't belong:

1. (la) universidad
2. (el) cuaderno
3. (el) auto
4. (la) televisión
5. (la) dificultad

Actividad 1.8

1. masculino
2. masculino
3. masculino
4. femenino
5. masculino
6. masculino
7. femenino

Actividad 1.11

1. casas
2. libros
3. chicos
4. madres
5. fotos
6. cafés
7. escuelas

Actividad 1.12

1. postales
2. habitaciones
3. autobuses
4. paraguas
5. nueces
6. hermanes
7. ratones

¿Sabías que...?

Después de leer.

Paso 1.

1. En México.
2. Antes se presentaba a las chicas a la sociedad para el matrimonio. Ahora simboliza el paso de la adolescencia a la adultez. También incluye a quinceañeres.
3. Visita a la iglesia y la fiesta.
4. En los Estados Unidos, por la presencia hispana y porque otras u otres jóvenes quieren un evento similar.
5. No. Todas las familias tienen tradiciones diferentes, que se describen en el texto.
6. Por un lado habla de la tradición y por otro, de quinceañeres.

CAPÍTULO 2

LOS ARTÍCULOS

→ El artículo indefinido
→ El artículo definido
→ El artículo definido con nombres propios
→ El artículo definido con expresiones de tiempo
→ Otros usos del artículo definido
→ Omisión del artículo

A. EL ARTÍCULO INDEFINIDO

Una chica	**Un** chico	**Une** chique

In Spanish, the indefinite articles are: **un, una, une** and **unos, unas, unes**.[1]

ARTÍCULO INDEFINIDO		
	Singular	**Plural**
masculino	**un** un chico, un libro, un anuncio	**unos** unos chicos, unos libros, unos anuncios

---

1. In addition to the masculine and feminine genders traditionally used in Spanish, this book includes one of the most commonly used non-binary pronouns, *elle*, and the grammar forms related to it. Please see Appendix 1 to learn more. It also describes the various uses of the second-person singular pronoun *vos* and the verb forms associated with it. Please see Appendix 2 to learn more.

ARTÍCULO INDEFINIDO		
femenino	**una** una chica, una casa, una pregunta	**unas** unas chicas, unas casas, unas preguntas
no binario	**une** une chique, une hermane, une sobrine	**unes** unes chiques, unes hermanes, unes sobrines

Indefinite articles are typically used to identify something or someone as part of a group and to indicate an unspecific or unidentified noun.

Ejemplos:
- Juan es **un** chico tímido.
- Esta es **una** casa grande.

Indefinite articles can be used to indicate amount.

Ejemplos:
- Countable singular nouns: Tengo **un** boleto de avión. (= one)
- Countable plural nouns: Tengo **unos** libros en inglés. (= some)
- Plural nouns: Tengo **unos** 30 minutos. (= approximately)
- Plural nouns that imply a single object: Busco **unos** lentes. (= one)

The gender-neutral article is used when referring to a person or group of people who identify as non-binary or whose gender is unknown.

Ejemplos:
- Marta es **une** chique inteligente. (= a person who identifies as non-binary)
- Busco **unes** estudiantes responsables para este proyecto. (= a group of people whose gender is unknown)

Feminine nouns that begin with **a** or **ha** and carry stress on the first syllable are used with the masculine article **un** (not **una**) in the singular form.

Ejemplos:
> **un** águila, **un** hacha bu*t* **unas** águilas, **unas** hachas
> *versus*
> **una** almohada, **una** hamburguesa

PRÁCTICA

Actividad 2.1

Write the singular and plural forms of the indefinite article for the nouns below.

Ejemplos: mesa: **una** mesa (singular), **unas** mesas (plural)

		Singular	Plural
1.	chica		
2.	libro		
3.	bicicleta		
4.	compañero		
5.	hermane		
6.	lámpara		
7.	teléfono		

Actividad 2.2

Write the plural form of the indefinite article for the nouns below.

Ejemplos: reloj: **unos** relojes, aula: **unas** aulas, dilema: **unos** dilemas

1.	flor	
2.	pared	
3.	ciudad	
4.	papel	
5.	tijeras	
6.	león	
7.	lápiz	

Actividad 2.3

Complete the following sentences with the correct indefinite articles: **un, una, une, unos, unas, unes.**

1. Quiero comprar _____ manzanas rojas.
2. Este es _____ río muy frío.
3. Paco tiene _____ hermane.
4. Necesito _____ cinco plumas de color negro.
5. Tenemos _____ paraguas grande.
6. En el salón de clase hay _____ 10 escritorios.
7. Creo que este es _____ teléfono antiguo.

Actividad 2.4

La boda de Liana. Look at this picture and identify all the objects with indefinite articles. Write down your answers.

Ejemplo: En la mesa hay **un** mantel.

Actividad 2.5
Mi escritorio
Complete this activity with a partner.

Paso 1. Conversación
Ask your partner about the objects on his/her/their desk. Take notes; you will use them for the next activity. In your conversation, use question words, such as *qué, cuántos(as)*, and *dónde.*

Ejemplo:
   ¿Qué hay sobre tu escritorio?
   —Hay <u>una</u> lámpara y <u>unos</u> libros.

Paso 2. Comparación
Now that you have exchanged information with your partner, identify similarities and differences and answer the following questions:

•   ¿Quién tiene más objetos sobre el escritorio?
•   ¿Quién es más organizada/o/e?

Share your findings with the class.

B. EL ARTÍCULO DEFINIDO

In Spanish, the definite articles are: **el, la, le** and **los, las, les.**

	Singular	Plural
ARTÍCULO DEFINIDO		
masculino	**el** el chico, el libro, el anuncio, el auto	**los** los chicos, los libros, los anuncios, los autos
femenino	**la** la chica, la casa, la pregunta, la mesa	**las** las chicas, las casas, las preguntas, las mesas
no binario	**le** le chique, le hermane, le sobrine, le abuele	**les** les chiques, les hermanes, les sobrines, les abueles

Definite articles are typically used to speak about something or someone specific or unique.

Ejemplos:
- Necesito hablar con **la** profesora. (= the professor of this class)
- Ellos están en **la** habitación 123. (= a specific room)
- Montevideo es **la** capital de Uruguay. (= the only capital)

Definite articles are also used to speak about something or someone in general terms.

Ejemplos:
- **La** contaminación afecta a todos. (= all types of pollution)
- **Los** españoles tienen celebraciones muy diversas. (= all Spaniards)

A contraction is required when using the masculine singular definite article with the prepositions **a** and **de**:

a + el = **al**
de + el = **del**

Ejemplos:
- Mañana voy a ir **al** hospital. (a + el)
- El título **del** libro es muy largo. (de + el)

PRÁCTICA

Actividad 2.6

Write the singular and plural forms of the definite articles for the nouns below.

Ejemplos: mesa: **la** mesa (singular), **las** mesas (plural)

		Singular	Plural
1.	hombre		
2.	pluma		
3.	coche		
4.	hermane		
5.	profesora		
6.	silla		
7.	mensaje		

Actividad 2.7

Write the plural forms of the definite articles for the nouns below.

Ejemplos: reloj: **los** relojes, aula: **las** aulas, dilema: **los** dilemas

1.	pan	
2.	gafas	
3.	árbol	
4.	clima	
5.	oración	
6.	condición	
7.	actividad	

Actividad 2.8

Complete the following sentences with the correct forms of the definite articles. Use the contractions **al** and **del** when necessary.

1. No me gustan _____ piñas.
2. _____ padres de Marco son ingenieros.
3. ¿Conoces a _____ maestros que son de Inglaterra?
4. _____ tigres son mamíferos.

5. Ellos ya regresaron _____concierto.
6. ¿Es usted _____hermane de Gabriel?
7. ¿Van _____ consultorio médico?

Actividad 2.9

Nuestro restaurante favorito

Look at this photo and describe what everyone is doing. Write down your answers and underline all definite articles.

Ejemplo: <u>El</u> hombre de <u>la</u> camiseta roja habla con una chica.

Actividad 2.10

Mi universidad

Complete this activity with a partner.

Paso 1. Conversación
Talk about your favorite places and things to do on campus. Ask each other five questions with interrogative words such as *¿cuál?, ¿dónde?, ¿adónde?, ¿cuándo?,* and *¿con quién?* Take notes; you will use them for the next activity.

Ejemplo:

¿Dónde está **la** cafetería que te gusta?

—**La** cafetería que me gusta está al lado de la biblioteca.

Paso 2. Resumen

Now that you have exchanged information, write five or six sentences summarizing your partner`s preferences. Use connectors such as *además, sin embargo, por otro lado, aunque,* and *por eso.*

C. EL ARTÍCULO DEFINIDO CON NOMBRES PROPIOS

The definite article is used with last names and titles.

Ejemplos:

· **El** señor Pérez está en su oficina.
· **La** presidenta va a dar un discurso en la noche.

The definite article is used with names of streets, squares, avenues, etc.

Ejemplos:

· **La** avenida Juárez es una de las más importantes.
· Fuimos a caminar por **el** paseo de la Reforma.

PRÁCTICA
Actividad 2.11

Complete the following sentences with the correct forms of the definite articles. Use **del** when necessary.

1. La oficina de _____ doctora Pérez está en el segundo piso.
2. _____ maestros Castellanos y Cano te esperan en el aula 43.
3. Nos encantaron _____ islas Canarias.
4. ¿Quién es _____ señora Velázquez?
5. _____ Mediterráneo es una de las principales zonas del turismo.
6. Vamos a ir a museos; aún no hemos visto _____ Prado.
7. ¿Sabes algo de _____ presidente José Mujica?

Actividad 2.12

Viajes

Complete this activity with a partner.

Paso 1. Conversación
Look at a map of Spanish-speaking countries and talk about the places you would like to visit or have already visited.

Paso 2. Comparación
Ask each other questions to complete this table and share your findings with the class.

Las ciudades que conocemos:	
Las montañas que no conocemos:	
Las islas que queremos visitar:	

D. EL ARTÍCULO DEFINIDO CON EXPRESIONES DE TIEMPO

The singular masculine definite article is used to refer to dates.

Ejemplos:
· Nos casamos **el** 15 de junio.
· Ella viaja a México **el** 4 de octubre.

The definite article is used with days of the week. The article and corresponding day is plural when referring to habitual actions.

Ejemplos:
· **El** lunes voy al médico.
· Tenemos clase **los** miércoles y **los** jueves.

The feminine definite article is used with parts of the day.

Ejemplos:
· Corremos por **la** mañana.
· Por **la** tarde almuerzo con mis amigas.

The definite article is used to indicate hour.

Ejemplos:
- Son **las** ocho de la mañana.
- Tengo una cita médica a **la** 1 de la tarde.

PRÁCTICA

Actividad 2.13

Complete the following sentences with the correct forms of the definite article.

1. ¿Qué hora es? Es ___ 1.
2. ¿A qué hora empiezan tus clases? Empiezan a ___ 5.
3. ¿Cuándo vamos al cine? Podemos ir ___ lunes.
4. ¿Cuándo es el examen? El examen es ___ 10 de mayo.
5. ¿Qué haces el sábado? Por___ mañana voy al gimnasio y luego trabajo.

Actividad 2.14

Mi agenda
Complete this activity with a partner.

Paso 1. Conversación
Ask each other a series of questions to discuss college life. Take notes; you will use them for the next activity. Talk about classes, social life, extracurricular activities, exercise, sports, etc.

Ejemplo: ¿Qué clases tienes los lunes? ¿Cuándo haces ejercicio?

Paso 2: Comparación.
Now compare your schedules to answer the following questions. Share your findings with the class.

- ¿Quién tiene más tiempo libre?
- ¿Quién tiene una vida muy activa?

E. OTROS USOS DEL ARTÍCULO DEFINIDO

Below are some other uses of the definite article.
With instruments and games.
Ejemplos:
- Juan toca **el** piano.
- Nosotros jugamos **al** fútbol americano.

With verbs such as *ir, venir,* and *estar.*

> Ejemplos:
> - Juan está en **el** teatro.
> - No quiero ir **al** hospital.

With certain words related to the media, such as *televisión, noticias, radio,* and *periódico.*

> Ejemplos:
> - Escuchamos **las** noticias en **la** radio.
> - Siempre hay algo interesante en **el** periódico.

To replace a noun.

> Ejemplos:
> - ¿Qué coche te gusta? —**El** verde. (= el coche)
> - ¿Cuáles rosas quieres? —**Las** blancas. (= las rosas)

PRÁCTICA
Actividad 2.15

Complete the following sentences with the correct forms of the definite articles. Use **al** and **del** when necessary.

1. Compré dos vestidos. ___ rojo me queda grande.
2. ¿Te gusta escuchar música en ___ radio?
3. Iremos ___ cine el domingo.
4. Mi madre siempre me acompaña a ___ clínica.
5. Quiero aprender a jugar ___ tenis.
6. Mis amigues ven ___ noticias por la TV.
7. Nosotros venimos ___ mercado; hemos comprado carne.

Actividad 2.16

Aficiones

Complete this activity with a partner.

Marco and Sara are high school students. Look at the images and talk to each other about their hobbies. How many days of the week do you think they practice? Which of them do you think has the busiest schedule? What do you think they have in common? Take notes and share your thoughts with your class.

| Marco juega.... | Sara toca.... |

Actividad 2.17

El fin de semana

Think of your plans for this weekend. Write about six sentences with verbs such as *ir, venir,* and *estar* + the definite article. Include connectors like *primero, luego, además, sin embargo, aunque, por eso,* etc.

F. OMISIÓN DEL ARTÍCULO

No article tends to be used when speaking of professions, nationality, religion, and ideology.

Ejemplos:

* Soy agente de viajes.
* Ella es argentina.
* Jaime y yo somos cristianos.
* De joven, mi padre era comunista.

Articles can be omitted when speaking of something in general terms or when referring to indefinite quantities.

Ejemplos:

* Ellos no tienen hijos.
* Compro pan todos los días.

PRÁCTICA
Actividad 2.18

Complete the following sentences with definite and indefinite articles, omitting the article when necessary.

1. Buenos Aires es _____ ciudad favorita de mis padres.
2. Nosotros somos vegetarianos; por eso no comemos _____ carne.
3. Juan es _____ chileno.
4. Su familia es _____ atea.
5. _____ libro que me diste es muy interesante.
6. Siempre he querido ser _____ atleta.
7. Fui al mercado y compré _____ fruta.

Actividad 2.19

De compras
Think of your last shopping trip. Complete the following sentences with definite and indefinite articles, omitting the article when necessary.

En la tienda había _____.

Me encantaron _____.

No me gustaron _____.

Al final compré _____.

Actividad 2.20

La familia
Complete this activity with a partner.

Paso 1. Conversación
Talk about your family background. Ask each other questions about your parents' and grandparents' country of origin, religious and political views, and professions. Take notes; you will use them for the next activity.

Paso 2. Resumen
Now that you have exchanged information, write down some of what you have in common. Share with the class.

¿SABÍAS QUE...?

Antes de leer.

Answer the following questions. Share your opinions with the class.

1. ¿Conoces a algún inmigrante?
2. ¿Conoces a alguien que venga de un país hispano?
3. ¿Qué impacto crees que tienen los inmigrantes en Estados Unidos?
4. Y ahora en grupos, piensen juntos/as/es: ¿En qué aspectos del día a día se nota la presencia hispana en los Estados Unidos? Hagan una lista juntos.

A leer.

Read this article and complete the activities that follow. As you read, reflect on whether or not the ideas you mentioned are included in the text.

Los hispanos en Estados Unidos

Monkey Business Images / Shutterstock

No sorprende ya a nadie saber que la economía de los Estados Unidos está, en parte, impulsada por el crecimiento del consumo de los hispanos. Este es un grupo con cada vez más presencia y fuerza de adquisición. Según *Noticias Telemundo*, en los Estados Unidos residen 60 millones de personas de origen hispano y se prevé que para el año 2060 la población hispana sea de 128.8 millones. De hecho, la Oficina del Censo acaba de publicar que la población hispana es el grupo que más crece dentro del país y que van a ser ellos los que más influyan en el crecimiento económico por esta razón. Este crecimiento va a significar más demanda de todos los servicios y productos que tradicionalmente están conectados con las necesidades y los gustos de los hispanos.

La cultura hispana en Estados Unidos es permanente y sostenible. Ahora la pregunta es cómo podemos abastecer las necesidades de esta población que está lejos de su casa. Algunos ya tienen respuestas: ese es el caso de Verónica Moreno, propietaria de Ole Mexican Foods, una compañía establecida en Atlanta que da más de 1.200 puestos de trabajo. Verónica comenzó a elaborar productos como tortillas, quesos y salsas de forma artesanal, y, tras su éxito, compró la maquinaria necesaria para expandir su empresa sin la ayuda de créditos bancarios.

Es obvio que la población hispana sigue en crecimiento; por ello, las empresas que cubren sus necesidades también van a seguir aumentando. Tras la recesión económica del 2008, las empresas en manos de los hispanos mostraron un incremento mayor al de los demás segmentos de la población estadounidense. Revistas importantes como *Forbes* ya mencionaron que los comercios hispanos muestran un incremento en sus beneficios dos veces superior a la media nacional: 55% en un plazo de 5 años, lo que la publicación califica de "asombroso". En los últimos 10 años, la cifra de empresarios hispanos en los Estados Unidos se incrementó un 34%, según un estudio de la Universidad de Stanford. Muchas compañías multinacionales además ven un gran potencial en el consumidor hispano. Por eso están intentando llegar a este mercado en su propio idioma o adaptar sus productos a sus gustos. Las compañías además están descubriendo poco a poco que los hispanos no reflejan un solo patrón de consumo, así que ya han comenzado a hacer estudios para entender las necesidades, preferencias y tendencias de compra de los diferentes grupos. Sin duda el reciente éxito de los hispanos ocurre al mismo tiempo en que se convierten en una fuerza importantísima en el desarrollo de la economía de los Estados Unidos. El futuro dará la clave de cuán importante será su presencia.

Después de leer.

Paso 1. Answer the following questions.

1. Según el artículo, ¿por qué no sorprende que el crecimiento de la economía de los Estados Unidos esté ligado a la presencia de la población hispana?
2. ¿Qué tiene de especial la empresa Ole Mexican Foods?
3. ¿Qué datos sobre la influencia hispana han sido ya analizados por publicaciones? ¿Qué significan para ti esos datos?
4. ¿A qué se refiere la frase "los hispanos no reflejan un solo patrón"? ¿Estás de acuerdo con esa afirmación?
5. ¿Qué piensas de este artículo? ¿Estás de acuerdo con lo que dice? Justifica tu respuesta.

Paso 2. Compare your answers to those of a classmate. Do you agree on everything? After, share with the rest of the group.

A ESCRIBIR
Paso 1. La composición
Antes de escribir.

1. Write the correct definite article for each of the nouns below. Then classify them in the chart according to where they would most likely be found.

1. ___ frigorífico   2. ___ árbol   3. ___ mesas de picnic

4. _____ pizarra

5. ___ estudiantes   6. ___ cafetera   7. ___ cubiertos

8. ___ perros   9. ___ niñeras

10. ___ sartén   11. ___ mochilas   l2. ___ reloj   l3. ___ microondas

El parque	La cocina	El salón de clase

2. Go to your bedroom and look around. Make a list of all the objects you see (furniture, decorations, etc). Use indefinite articles.

Ejemplo: En mi habitación hay **una** lámpara.

A escribir.

Now read the prompt below and write a composition. In your composition, include some of these connectors for cohesion.

primero	first
además	in addition/besides
por otro lado	on the other hand
también	also
para terminar	in conclusion

Mi habitación favorita. Describe your bedroom or dorm. Explain how the room is set up, including the location, color, shape, and size of each piece of furniture. Mention what you normally do in this room and why you like it. Write about 10 sentences.

Después de escribir.

Proofread your composition:

- Did you use the correct indefinite/definite articles?
- Did each article agree with the corresponding noun in gender and number?
- Did you include at least three connectors from the list?

Paso 2. Trabajo en pareja

Work with a partner to review each other's composition and give each other feedback.

1. Share your composition with your partner. As you read your partner's work, focus on the following:

- Have the ideas been developed fully? If not, provide suggestions to make it more comprehensive.
- Are appropriate connectors used to link ideas? If not, offer some examples to enhance cohesion.
- Are indefinite and definite articles used correctly? Do articles agree with corresponding nouns in gender and number? If not, underline the errors.

Once you have completed these steps, return the composition to your partner.

2. Look closely at your composition, noting the marked errors and reflecting on your partner's suggestions. Ask your instructor if you have any questions. Then rewrite it, taking into account your partner`s feedback and correcting all grammatical errors. Hand in the final draft to your instructor.

¡Has aprendido mucho! ¡Enhorabuena!

CHAPTER 2 ANSWER KEY

Actividad 2.1
1. una chica – unas chicas
2. un libro – unos libros
3. una bicicleta – unas bicicletas
4. un compañero – unos compañeros
5. une hermane – unes hermanes
6. una lámpara – unas lámparas
7. un teléfono – unos teléfonos

Actividad 2. 2
1. unas flores
2. unas paredes
3. unas ciudades
4. unos papeles
5. unas tijeras
6. unos leones
7. unos lápices

Actividad 2. 3
1. unas
2. un
3. une
4. unas
5. un
6. unos
7. un

Actividad 2. 6
1. el hombre – los hombres
2. la pluma – las plumas
3. el coche – los coches
4. le hermane – les hermanes
5. la profesora – las profesoras
6. la silla – las sillas
7. el mensaje – los mensajes

Actividad 2.7

1. los panes
2. las gafas
3. los árboles
4. los climas
5. las oraciones
6. las condiciones
7. las actividades

Actividad 2.8

1. las
2. Los
3. los
4. Los
5. del
6. le
7. al

Actividad 2.11

1. la
2. Los
3. las
4. la
5. El
6. el
7. del

Actividad 2.13

1. la
2. las
3. el
4. el
5. la

Actividad 2.15

1. El
2. la
3. al

4. la

5. al

6. las

7. del

Actividad 2.18

1. la

2. -

3. -

4. -

5. El

6. -

7. -

¿Sabías que...?

Después de leer.

Paso 1.

1. Porque es un grupo en aumento y con cada vez más presencia y nivel de adquisición.
2. Elabora productos de forma artesanal; se expandió sin ayuda bancaria, etc.
3. Hay muchos datos: número de empresas en manos de empresarios hispanos, qué empresas hispanas están obteniendo mejores resultados, etc.
   Answers will vary.
4. Significa que hay hispanos de muchos países que tienen tradiciones diferentes.
   Answers will vary.
5. Answers will vary.

Paso 1. La composición

Antes de escribir.

1. 1. el
   2. el
   3. las
   4. la
   5. los
   6. la

7. los

8. los

9. las

10. la

11. las

12. el

13. el

El parque	La cocina	El salón de clase
el árbol	el frigorífico	la pizarra
las mesas de picnic	la cafetera	los estudiantes
los perros	los cubiertos	las mochilas
las niñeras	la sartén	el reloj
	el microondas	

CAPÍTULO 3

LOS PRONOMBRES

→ Los pronombres personales de sujeto
→ Los pronombres preposicionales
→ Los pronombres personales de complemento directo
→ Los pronombres personales de complemento indirecto
→ Los pronombres personales de complemento directo e indirecto
→ Los pronombres reflexivos
→ Los pronombres posesivos

A. LOS PRONOMBRES PERSONALES DE SUJETO

| yo | él | ellas |

In Spanish, personal subject pronouns take the place of common and proper nouns. Personal subject pronouns indicate gender, number, and level of formality.[1]

---

1. In addition to the masculine and feminine genders traditionally used in Spanish, this book includes one of the most commonly used non-binary pronouns, *elle*, and the grammar forms related to it. Please see Appendix 1 to learn more. It also describes the various uses of the second-person singular pronoun *vos* and the verb forms associated with it. Please see Appendix 2 to learn more.

PRONOMBRES PERSONALES DE SUJETO		
	Singular	**Plural**
1st person	yo	nosotros (masculine) nosotras (feminine) nosotres (non-binary)
2nd person	tú, vos (e.g., Argentina, Uruguay)	vosotros (masculine, informal; Spain) vosotras (feminine, informal; Spain) vosotres (non-binary, informal; Spain) ustedes (Uds., formal)
3rd person	él, ella, elle, usted (Ud.)	ellos (masculine) ellas (feminine) elles (non-binary) ustedes (Uds.)

Personal pronouns refer to people or animals.

Ejemplos:
- Mi madre es joven. **Ella** tiene 37 años. (= mi madre)
- Julia vive en México. **Elle** es artista. (= non-binary)
- Mi gato es muy travieso. **Él** siempre rompe algo. (= el gato)

When there are men and women in a group, the plural masculine pronoun is generally used.

Ejemplos:
- Nosotr**os** vivimos en Lima.
- ¿Vosotr**os** sois médic**os**?

When there are non-binary individuals or individuals whose gender is unknown in a group, both plural masculine and plural non-binary forms can be used. The non-binary form is more inclusive.

Ejemplos:
- ¿Vosotr**os** sois maestr**os**? (= less inclusive)
- ¿Vosotr**es** sois maestr**es**? (= more inclusive)

Pronouns can be omitted when not indicating emphasis, contrast, or clarification.

Ejemplos:
- Ellos son atletas. = Son atletas.
- ¿Tú tocas el piano? = ¿Tocas el piano?

versus

- **Yo** soy atleta y **ella** es música. (= emphasis or contrast)
- **Usted** viaja solo y **ella** viaja con su esposo. (= clarification, since the verb form is the same for both pronouns)

Tú, Vos, and Usted

While **tú** and **vos** are generally used in informal settings (e.g., family, friends, young people, etc.) and **usted** is typically used in formal settings (e.g., superiors, elderly, strangers, etc.), the use of **tú** versus **vos** versus **usted** varies depending on region and context. For example, approximately one-third of the Latin American population uses **vos** instead of or alongside **tú**. In countries such as Argentina, **vos** is the norm and generally replaces **tú**. In other countries, the use of **tú** versus **vos** versus **usted** has many functions, such as expressing affection and closeness, indicating deference, setting distance, making requests, reprimanding, and commanding.

Ejemplos:
- **Tú** tienes razón. *versus* **Usted** tiene razón. (**Tú** is generally informal; **usted** is generally formal.)
- **Vos** trabajás aquí. (**Vos** replaces **tú**, e.g., in Argentina.)
- **Tú** trabajás aquí. *or* **Vos** trabajás aquí. (Both are used, e.g., in Uruguay.)
- ¡Ay, mi hijo! Ahora mismo **usted** se levanta y se lava las manos. (**Usted** is used in an informal context, e.g., in Colombia.)

To learn more about the uses of **vos** and the verb forms associated with it, see Appendix 2.

Vosotros/as/es and ustedes

The pronouns **vosotros/as/es** are used predominantly in Spain. **Usted** and **ustedes** are generally used in Spain when speaking in a very formal setting. In Latin America, **vosotros/as/es** are replaced by **ustedes** to address a group of people both in formal and informal settings.

Ejemplos:

- **Vosotros** habláis español. (**Vosotros** is generally informal, e.g., in Spain.)
- **Ustedes** hablan español. (**Ustedes** is generally formal, e.g., in Spain. **Ustedes** is both formal and informal, e.g., in Latin America.)

PRÁCTICA
Actividad 3.1

Complete the following sentences with the correct pronouns.

1. Alejandra es mi hermana. _____ juega al tenis.
2. Daniel es mi hermano. _____ corre maratones.
3. Fernando y Enrique son mis primos. _____ practican atletismo.
4. Camila es mi sobrina. _____ hace boxeo.
5. Salvador es mi sobrine. _____ practica natación.
6. Mariano es mi tío. _____ juega al fútbol americano.
7. Valeria es mi tía. _____ no practica ningún deporte.

Actividad 3.2

Read the following sentences and complete them with the correct pronouns.

1. María es española. Ella nos preguntó: "Ana, Marta, ¿____venís conmigo al gimnasio?"
2. Juan es uruguayo. Él me preguntó: "¿____ tenés tiempo para ayudarme?"
3. Marco y Lorena son hispanos. Ellos nos preguntaron: " ¿____ quieren venir a la fiesta?"
4. Mi amigo me preguntó: "¿Quién es ____?, ¿es tu sobrine?"
5. Paco nos hizo una pregunta sobre Julia: "¿Es ____ la campeona?"

Actividad 3.3

Choose the best answer for each question and write the corresponding letter in the space provided.

1.	¿De dónde sois vosotras?	d	a. Yo lo vi.
2.	¿Tienen plumas ellos?	__	b. Son mis amigues.
3.	Y vos, ¿qué querés comer?	__	c. Sí, nosotros podemos ir después de cenar.
4.	¿Tienen tiempo para ir al cine?	__	d. Nosotras somos de Nicaragua.
5.	¿Quiénes son elles?	__	e. Quiero comer pasta.
6.	¿Quién vio ese concierto?	__	f. Ella.
7.	¿Quién trajo el pastel?	__	g. No, pero tienen lápices.

B. LOS PRONOMBRES PREPOSICIONALES

In Spanish, some pronouns change form when used with prepositions.

Preposiciones	Preposición + pronombre
a sin de para por en sobre como etc.	mí (yo) ti (tú), vos él, ella, elle, usted nosotros, nosotras, nosotres vosotros, vosotras, vosotres, ustedes ellos, ellas, elles

When used with most prepositions, the pronouns **yo** and **tú** change to **mí** and **ti**.

Ejemplos:
- Ellos hablan de **mí**.
- Tengo una sorpresa para **ti**.

When following the preposition **con**, the pronouns **yo** and **tú** change form and join the preposition to become **conmigo** and **contigo**.

Ejemplos:
- ¿Quieres almorzar **conmigo**? (con + yo = conmigo)
- Me gustaría hablar **contigo**. (con + tú = contigo)

When used with certain prepositions, such as **según** and **entre**, the pronouns **yo** and **tú** retain their regular form.

Ejemplos:
- Este asunto se queda entre Antonio y **yo**.
- ¿Quién es el mejor cantante, según **tú**?

PRÁCTICA

Actividad 3.4

Read the following sentences and circle the correct form of the pronouns.

1. Esta carta es para (tú/ti).
2. Carlos siempre se sienta entre mi madre y (yo/mí).
3. Todos van a aprobar el examen según (tú/ti).
4. ¿Quieres venir (con yo/conmigo)?
5. Ella siempre habla bien de (tú/ti).
6. ¿El regalo es para (yo/mí)?
7. ¿Quieres salir (con yo/conmigo)?

Actividad 3.5

Complete the following sentences with the correct pronouns.

1. ¿Dónde se encuentra el doctor? Necesito hablar con ___.
2. Tu jefe te está buscando. Quiere hablar ___.
3. Vos tenés que llamar a tu madre. Está muy preocupada por ___.
4. Pedro está enamorado de Jimena. No puede vivir sin ___.
5. ¿Dónde está papá? Tengo un mensaje para ___.
6. El niño adora a su madre. Va a todas partes con ___.
7. No quiero ir al museo sola. Por favor, ven ___.
8. Eres mi amiga más íntima. Este es un secreto entre ___ y yo.

Actividad 3.6

Un mensaje telefónico

Complete the following text with the correct pronouns.

Hola, Santiago. ¡Feliz cumpleaños! He estado pensando en 1.___. Me gustas mucho. Para 2. ___, eres el chico más guapo e inteligente del mundo. Sé que a ti te gusta Elisa porque ayer te fuiste de la fiesta con 3. ___. Pero no te preocupes; no me pongo triste. Sólo quiero hablar con 4.___ sobre nosotros. ¿Crees que puede haber algo entre tú y 5.___? Bueno, llámame; tengo un regalo para 6. ___.

C. LOS PRONOMBRES PERSONALES DE COMPLEMENTO DIRECTO

The direct object refers to the person or thing upon which the action of the verb is performed. Direct object pronouns are used to avoid repetition.

Ejemplos:

- Veo a mis **amigos** todos los días. → **Los** veo todos los días.
- Ella usa **su computadora**. → Ella **la** usa.

PRONOMBRES PERSONALES DE COMPLEMENTO DIRECTO	
Singular	**Plural**
me (yo)	**nos** (nosotras, nosotros, nosotres)
te (tú)	**os** (vosotras, vosotros, vosotres)
lo (él, usted) **la** (ella, usted) **le** (elle)	**los** (ellos, ustedes) **las** (ellas, ustedes) **les** (elles)

The placement of direct object pronouns varies. They are generally placed before the conjugated verb.

Ejemplos:

- Yo necesito <u>un cuaderno</u>. → Yo **lo** necesito.
- Yo veo a <u>mi hermane</u>. → Yo **le** veo.

If the conjugated verb is immediately followed by an infinitive, the direct object pronoun can be placed before the conjugated verb or after the infinitive.

Ejemplos:

- Yo quiero invitar a Juan. → Yo **lo** quiero invitar. *or* Yo quiero invitar**lo**.
- No quiero comer la zanahoria. → No **la** quiero comer. *or* No quiero comer**la**.

In the imperative form, the direct object pronouns are placed before or after the verb, depending on whether the imperative is affirmative or negative.

Ejemplos:

- Juan, haz tu tarea. → Juan, haz**la**.
- Juan, no hagas tu tarea. → Juan, no **la** hagas.

The pronoun **lo** can be used when referring to an idea or a fact.

Ejemplos:

- ¿Dónde está Marco? —No **lo** sé.
- Mañana hay una fiesta en la escuela. —**Lo** voy a compartir con mis amigos.

The following pronouns are used by non-binary individuals as well: **nes** (nosotres), **es** (vosotres).

Ejemplos:
- Vosotres: No **os** conozco. *or* No **es** conozco.
- Nosotres: Juan no **nos** ve. *or* Juan no **nes** ve.

PRÁCTICA
Actividad 3.7

Replace the underlined nouns with the correct forms of the direct object pronouns.

Ejemplo: Nosotros tiramos <u>la basura</u>. Nosotros **la** tiramos.

1. Nosotras encontramos <u>la dirección</u> correcta. Nosotras _____ encontramos.
2. Ella puede cuidar a <u>los niños</u>. Ella _____ puede cuidar.
3. Manuela ama <u>a Pablo</u>. Manuela _____ ama.
4. Luciana olvidó <u>su bolsa</u> en mi casa. Luciana _____ olvidó en mi casa.
5. Mi madre puso <u>el florero</u> sobre la mesa. Mi madre _____ puso sobre la mesa.
6. Juan cortó <u>el papel</u>. Juan _____ cortó.
7. Nosotros vimos <u>a elle</u>. Nosotros _____ vimos.

Actividad 3.8

Answer these questions with the correct forms of the direct object pronouns.

1. ¿Conoces a Camilo? —No, no ____ conozco.
2. ¿Invitaste a Isabela? —Sí, ____ invité.
3. ¿Comes mariscos? —Sí, ____ como.
4. ¿Preparaste la cena? —Sí, ____ preparé
5. ¿Compraste frutas? —No, no ____ compré.
6. ¿Hiciste un pastel? —No, no ____ hice.
7. ¿Trajiste bebidas? —Sí, ____ traje.

Actividad 3.9

Complete the following sentences with the correct forms of the direct object pronouns.

1. ¿Dónde está mi hermane? No ____ veo.
2. ¿Comiste tu desayuno? Ah, veo que ___ comes ahora.

3. ¿No compraste pan? Compra____ ahora.
4. ¿Hablaste con mis amigues? No ____ invitaste a la fiesta.
5. ¿Lavaste las toallas? No ____ uses sucias.
6. ¿Me ayudas con la cena? ____ quiero preparar ahora.
7. ¿Encontraste tus llaves? Busca____ en tu coche.

Actividad 3.10

La ropa

Think of all the clothes that you have ever bought or received and were not happy with. What did you do with them? Write five to six sentences with direct object pronouns and verbs such as *llevar, devolver, donar, regalar* and *tirar*.

Ejemplo: Mis padres me regalaron unos pantalones rosas que no me gustaron. **Los** llevé un mes y luego **los** regalé a mi hermana.

Actividad 3.11

Mis compañeros

Complete this activity with a partner.

Paso 1. Think about where you see your classmates outside of the classroom. Share your experiences with your partner. As you speak, use direct object pronouns with verbs such as *conocer, ver,* and *invitar*.

Ejemplo: Juan es mi compañero en la clase de español. **Lo** veo también en el gimnasio.

Paso 2. Ask additional questions to find out if you have friends, acquaintances, teachers, or classes in common. Share your findings with the class.

Ejemplo: ¿Conoces a la profesora Pérez? —No, no **la** conozco.

D. LOS PRONOMBRES PERSONALES DE COMPLEMENTO INDIRECTO

An indirect object is generally the person who receives something from the action of the verb. Indirect object pronouns are typically used to avoid repetition.

Ejemplos:
- Hoy es el cumpleaños de Julia. Yo **le** mandé flores.
- Ana y Marco son hermanos. Sus padres **les** regalaron mochilas.

PRONOMBRES PERSONALES DE COMPLEMENTO INDIRECTO	
Singular	**Plural**
me (yo)	**nos** (nosotros, nosotras, nosotres)
te (tú, vos)	**os** (vosotras, vosotros, vosotres)
le (él, ella, usted, elle)	**les** (ellos, ellas, ustedes, elles)

The placement of indirect object pronouns varies. They are generally placed before the conjugated verb.

Ejemplos:
- El profesor **me** ofreció su ayuda.
- Nosotras **te** mandamos una tarjeta.

If the conjugated verb is immediately followed by an infinitive, the indirect object pronoun can be placed before the conjugated verb or after the infinitive.

Ejemplos:
- Yo quiero comprar**te** un regalo. *or* Yo **te** quiero comprar un regalo.
- Mi amiga quiere invitar**nos** a la fiesta. *or* Mi amiga **nos** quiere invitar a la fiesta.

In the imperative form, indirect object pronouns are placed before or after the verb, depending on whether the imperative form is affirmative or negative.

Ejemplos:
- Marco, pása**me** la sal, por favor.
- Hijo, no **me** preguntes sobre Julia.

There are some regional variations in regards to the use of direct and indirect object pronouns. For example, in some areas, the indirect object pronouns **le** and **les** are used instead of the direct object pronouns **lo** and **los** to refer to people.

Ejemplos:
- Yo amo a mi novio. → Yo **le** amo. (Rather than *Yo lo amo.*)
- Nosotros queremos a nuestros padres. → Nosotros **les** queremos. (Rather than *Nosotros los queremos.*)

The following pronouns are used by non-binary individuals as well: **nes** (nosotres), **es** (vosotres). Ejemplos:

- Ella ayudó a nosotres. → Ella **nos** ayudó. *or* Ella **nes** ayudó.
- Mi padre dio un regalo a vosotres. → Mi padre **os** dio un regalo. *or* Mi padre **es** dio un regalo.

PRÁCTICA

Actividad 3.12

Match each problem with the corresponding solution.

1.	No tengo con quien ir al cine.	___	a. Di**le** que el evento se ha cancelado.
2.	¿Qué le voy a decir a Esteban?	___	b. Vamos a comprar**le** una nueva.
3.	Se me olvidó comprarte un regalo.	___	c. Podemos lavar**le** las patas nosotras.
4.	Mi perro está muy sucio.	___	d. Puedo acompañar**te**.
5.	Mi abuela no sabe usar su teléfono	___	e. ¿Por qué no **le** explicas cómo?
6.	No sé cuál es la tarea para hoy.	___	f. Trái**me** una caja de chocolates.
7.	La computadora de mi hermano no funciona.	___	g. Pregúnta**les** a tus compañeros.

Actividad 3.13

Complete the following sentences with the correct forms of the indirect object pronouns.

1. Mi madre es muy cariñosa conmigo. Siempre ___ da besos y abrazos.
2. Tengo una hermanita pequeña y me gusta leer___ cuentos.
3. Mis abuelos viven lejos, pero siempre ___ mandan regalos a mis hermanos y a mí.
4. Mi hámster es muy grande. ___ tengo que comprar una jaula grande.
5. Mi novia es chef. Ayer fui a su casa y ella ___ preparó un plato exquisito.
6. Fernando es un niño curioso. ___ hace muchas preguntas a sus padres.
7. Nina ___ dijo a nosotres que hay un examen mañana. Estamos preocupades.

Actividad 3.14

Answer the following questions with the correct forms of the indirect object pronouns.

1. ¿Quién te prepara la comida normalmente?

   _____

2. ¿Quién te manda una tarjeta para la Navidad?

   _____

3. ¿A quién le haces preguntas sobre la vida en la universidad?

   _____

4. ¿A quién le regalas algo para su cumpleaños?

   _____

5. ¿Cuando ves a tus profesores, qué les preguntas?

   _____

Actividad 3.15

Mi amigo/a/ue necesita ayuda. Complete the following sentences with the correct forms of the indirect object pronouns.

Your friend is a freshman and having a hard time at college.
Tell him/her/them to turn to parents, professors, and friends for help. Complete the sentences below with indirect object pronouns (impersonal expression + infinitive + pronoun). Think of verbs such as *preguntar, pedir, escribir,* and *mandar.*
*Note: In Spanish, using both the name of the person and an indirect object pronoun in the same sentence is a form of clarification or emphasis. It helps to avoid ambiguity and ensures that the listener or reader clearly understands who or what is being referred to.

Ejemplo: Es necesario <u>pedir**le**</u> ayuda al profesor si no entiendes el tema.

• Es necesario....
• Es importante....
• Es indispensable....
• Es bueno....
• Es urgente....

Actividad 3.16

Regalos

Complete this activity with a partner.

Paso 1. Everyone likes to receive gifts. Ask your partner questions to find out about the traditions in his/her/their family or culture for the following events. Use indirect object pronouns with verbs such as *regalar, dar, enviar, preparar,* and *comprar.* Take notes; you will use them for the next activity. Consider the occasions below.

- cumpleaños
- Navidad
- graduación
- boda

Ejemplo: ¿A quién **le** compras regalos para la Navidad? or ¿A quiénes **les** compras regalos para la Navidad?

Paso 2. Write down some of the similarities and the differences you identified and share them with the class.

E. LOS PRONOMBRES PERSONALES DE COMPLEMENTO DIRECTO E INDIRECTO

Direct and indirect object pronouns can be used together in the same sentence. In such cases, indirect object pronouns are placed before direct object pronouns.

Ejemplos:
- Mi madre preparó **un pastel** para nosotras. → Mi madre nos lo preparó. (My mother prepared **it** for us.)
- Enrique compró **unos aretes** para ti. → Enrique te los compró. (Enrique bought **them** for you.)

Indirect Object Pronouns	Direct Object Pronouns
me (yo)	**me** (yo)
te (tú)	**te** (tú)
le (él, ella, usted, elle)	**lo** (él, usted), **la** (ella, usted), and **le** (elle)
nos (nosotros, nosotras, nosotres)	**nos** (nosotros, nosotras, nosotres)
os (vosotros, vosotras, vosotres)	**os** (vosotros, vosotras, vosotres)
les (ellos, ellas, elles, ustedes)	**los** (ellos, ustedes), **las** (ellas, ustedes), **les** (elles)

When indirect object pronouns **le** and **les** precede **lo/la/le/los/las/les**, they are replaced with **se**.

Ejemplos:
- Compré **un regalo** para Santiago. → ~~Le lo compré~~. <u>Se</u> **lo** compré. (I bought it <u>for him</u>.)
- Vendimos nuestra casa <u>a los vecinos</u>. → ~~Les la vendimos~~. <u>Se</u> **la** vendimos. (We sold **it** <u>to them</u>.)

The placement of direct and indirect object pronouns varies. They are typically placed before the conjugated verb.

Ejemplos:
- El mesero ofreció ayuda a los clientes. → El mesero **se la** ofreció. (The waiter offered it to them.)
- Mi madre compró juguetes para mi hermano. → Mi madre **se los** compró. (My mother bought them for him.)

If the conjugated verb is immediately followed by an infinitive, direct and indirect object pronouns can both be placed before the conjugated verb or after the infinitive.

Ejemplos:
- Ella quiere mandar una tarjeta a su abuela. → Ella quiere mandár**sela**. *or* Ella **se la** quiere mandar. (She wants to send it to her.)
- Mi madre va a preparar un pastel para ti. → Mi madre va a preparár**telo**. *or* Mi madre **te lo** va a preparar. (My mother is going to prepare it for you.)

In the imperative form, direct and indirect object pronouns can both be placed before or after the verb, depending on whether the imperative is affirmative or negative.

Ejemplos:
- Jorge, dale el balón a tu hermana. → Jorge, dá**selo**. (Jorge, pass it to her.)
- Miriam, no les mandes el mensaje a tus compañeros. → Miriam, no **se lo** mandes. (Miriam, don't send it to them.)

The following pronouns are used by non-binary individuals as well: **nes** (nosotres), **es** (vosotres).

Ejemplos:
- Ella nos/nes dio un abrazo a nosotres. → Ella **nos/nes lo** dio.
- Mi madre preparó una cena para vosotres. → Mi madre **os/es la** preparó.

PRÁCTICA

Actividad 3.17

Read the following sentences and choose the correct answer.

1. Quiero darle manzanas a mi amiga. Quiero dár_____.
   a. mela
   b. tela
   c. sela
   d. selas
2. Los maestros les regalaron libros a mis hermanos. Los maestros _____ regalaron.
   a. se lo
   b. se los
   c. le lo
   d. le las
3. La abuela quiere leer una historia a sus nietos. La abuela _____ quiere leer.
   a. se lo
   b. se los
   c. se la
   d. nos la
4. Hija, no prestes tu ropa a tu amiga. No _____ prestes.
   a. me la
   b. se la
   c. te la
   d. le la
5. Mi padre me explica la situación. Mi padre _____ explica.
   a. me lo
   b. me la
   c. se lo
   d. se la

6. Elena, dile la verdad a tu hermano. Elena, dí_____.
    a. sela
    b. mela
    c. lesla
    d. nosla
7. Nosotros enviamos un paquete a nuestros padres. Nosotros _____ enviamos.
    a. te lo
    b. se lo
    c. se los
    d. le lo

Actividad 3.18

Complete the following sentences with the correct forms of direct and indirect object pronouns, combined.

1. ¿Quién explica los **ejercicios** a **Ana**? Paco _____ _____ explica.
2. ¿Quién presta a **Marta ropa nueva**? Luisa _____ _____ presta.
3. ¿A **quién** manda Juan esas **rosas**? Juan _____ _____ manda a **Elisa**.
4. ¿Quiénes dan a **Uds.** las **respuestas**? Los compañeros _____ _____ dan.
5. ¿Quién **me** da estos **billetes**? Yo _____ _____ doy.
6. ¿Quién **te** regala el **anillo**? Tu novio _____ _____ regala.
7. ¿A **quién** escriben Uds. una **carta**? Nosotros_____ _____ escribimos a **nuestros abuelos**.

Actividad 3.19

Sorpresas

Below is a list of gifts you might have received at some point in your life. If so, who has given them to you? Write your answers with combined direct and indirect object pronouns. If you've never received the item(s), answer that no one has given it/them to you.

Ejemplo: pulsera: Mi madre **me la** ha regalado. *or* Nadie **me la** ha regalado.

- flores:
- una caja de chocolate:
- ropa:
- un reloj:
- libros:
- una tarjeta:

F. LOS PRONOMBRES REFLEXIVOS

Some verbs in Spanish are reflexive. The reflexive pronoun is used as part of the reflexive verb, and its form depends on the subject.

Ejemplos:
- Yo **me** levanto temprano.
- Tú **te** maquillas.

PRONOMBRES REFLEXIVOS	
Singular	**Plural**
me (yo)	**nos** (nosotros, nosotras, nosotres)
te (tú, vos)	**os** (vosotros, vosotras, vosotres)
se (él, ella, elle, usted)	**se** (él, ella, elle, usted)

Reflexive verbs typically indicate an action that one does oneself. The necessary reflexive pronoun **me, te, se, nos,** or **os** is placed before the conjugated verb.

Ejemplos:
- despertar**se**: Yo **me** desperté temprano.
- bañar**se**: Tú **te** bañaste a las siete de la mañana.

versus

- despertar: Yo desperté a mi hermana.
- bañar: Tú bañaste a tu perro.

There are some reflexive verbs whose meaning does not express reflexive action.

Ejemplos:
- irse (to leave): Nosotras **nos** vamos.
- acordarse de (to remember): Yo no **me** acuerdo de ti.
- divertirse (to have fun): Ellos **se** divierten.

When the reflexive verb is in its infinitive form, the reflexive pronoun is placed after the infinitive or before the conjugated verb.

Ejemplos:
- ¿Cuándo vas a acostar**te**? *or* ¿Cuándo **te** vas a acostar?
- Tengo que lavar**me** las manos. *or* **Me** tengo que lavar las manos.

When the reflexive verb is in the imperative form, the placement of reflexive pronouns varies. They are placed before or after the verb, depending on whether the imperative is affirmative or negative.

Ejemplos:
- Lila, levánta**te**.
- Jorge, no **te** pongas esa camisa.

The following pronouns are used by non-binary communities as well: **nes** (nosotres), **es** (vosotres).

Ejemplos:
- Vosotres **os** maquilláis. *or* Vosotres **es** maquilláis.
- Nosotres **nos** despertamos. *or* Nosotres **nes** despertamos.

PRÁCTICA

Actividad 3.20

Complete the following sentences with the correct forms of the pronouns.

1. ¿Con qué frecuencia ___ lavas el cabello?
2. Elvira es vanidosa; siempre ___ mira en el espejo.
3. Cuidado, Victoria, no ___ cortes el dedo.
4. Hijo, pon___ un suéter, hace frío afuera.
5. ¿Vosotres ___ despedisteis de mis padres?
6. ¿De qué color ___ pintas las uñas?
7. ¿Te gusta maquillar___?

Actividad 3.21

Complete the following sentences with the correct forms of the verbs and pronouns.

1. Tú (levantarse) _____ muy temprano todos los días.
2. Mi hija (cortarse)_____ el cabello una vez al mes.
3. Estela (vestirse)_____ de manera muy formal.
4. Ustedes siempre (olvidarse) _____de mi nombre.
5. Me encantó el concierto y (divertirse) _____ mucho.
6. Julio siempre (afeitarse) _____ antes de ducharse.
7. Mañana voy a (ponerse) _____ un vestido elegante.

Actividad 3.22

Mi rutina

Complete this activity with a partner.

Paso 1. Think about your morning and evening routines. Put these verbs in the order in which you usually perform them. If a verb is not part of your routine, leave it blank.

Por la mañana:

- afeitarse o maquillarse _____
- levantarse __1__
- vestirse _____
- peinarse _____

Por la noche:

- dormirse __4__
- lavarse la cara _____
- acostarse _____
- cepillarse los dientes _____

Paso 2. Ask your partner questions to find out the order in which he/she/they perform(s) the above actions and compare your routines. Share your findings with the class.

Ejemplo: Yo **me** levanto a las 8. ¿A qué hora **te** levantas tú?

G. LOS PRONOMBRES POSESIVOS

Possessive pronouns indicate possession and other types of connections with people or objects.

Ejemplos:
- Este libro es **mío**.
- El hermano **nuestro** vive en Paraguay.

PRONOMBRES POSESIVOS				
	Singular		**Plural**	
yo	mío	mía	míos	mías
tú, vos	tuyo	tuya	tuyos	tuyas
él, ella, usted	suyo	suya	suyos	suyas
nosotros, nosotras	nuestro	nuestra	nuestros	nuestras
vosotros, vosotras	vuestro	vuestra	vuestros	vuestras
ellos, ellas, ustedes	suyo	suya	suyos	suyas

No binario	Singular	Plural
yo	míe	míes
tú, vos	tuye	tuyes
nosotres	nuestre	nuestres
vosotres	vuestre	vuestres
elle, elles	suye	suyes

Possessive pronouns agree in number and gender with the nouns that they refer to. They are typically used after nouns or with the verb **ser**.

Ejemplos:
- Los abuel<u>os</u> **suyos** viven en Perú y las herman<u>as</u> **suyas** viven en España.
- Estos zapat<u>os</u> no son **míos**, pero la bols<u>a</u> es **mía**.

Used with the corresponding definite article, possessive pronouns can be used to replace a previously mentioned noun.

Ejemplos:
- <u>Este coche</u> no es mío. **El mío** está en el garaje. (el = el coche)
- Ellas no son <u>amigas</u> mías. **Las mías** aún no han llegado. (las = las amigas)

PRÁCTICA

Actividad 3.23

Complete the following sentences with the correct forms of the possessive pronouns.

Ejemplo: La profesora (de nosotros) _____ es boliviana. La profesora **nuestra** es boliviana.

1. El profesor de filosofía es amigo (de nosotros) _____.
2. Ayer conocí a la novia (de ti) _____.
3. Alicia presentó a los padres (de ella) _____.
4. Jorge ha llamado a une prime (de ti)_____.
5. Vamos a visitar a los parientes (de nosotros) _____.
6. Gregorio por fin pintó el coche (de él) _____.
7. Ya llegó la madre (de vosotros) _____.

Actividad 3.24

Answer these questions with the correct forms of the definite articles and possessive pronouns.

Ejemplo: ¿Son estos los padres de Marco? —No, **los suyos** están ausentes.

1. ¿Es esta tu casa? —No, _____ es más pequeña.
2. ¿Son estos tus libros? —No, _____ son de ingeniería.
3. ¿Son estas tus sillas nuevas? —No, _____ aún no han llegado.
4. ¿Son estos vuestros hijos? —No, _____ están en la escuela.
5. ¿Es tu novio rubio? —No, _____ tiene cabello oscuro.
6. ¿Es tu madre la que toca el piano? —No, _____ toca el violín.
7. ¿Es este el teléfono de Jaime? —No, _____ está sobre la mesa.

Actividad 3.25

Vamos a conocernos
Complete this activity with a partner.

Paso 1. Ask your partner a few questions to learn more about him/her/them. Consider the following:

- siblings
- friends
- major (*la especialidad*) and minor (*la segunda especialidad*)
- pets
- hobbies

Use possessive pronouns in your answers. Take notes; you will use them for the next activity.

Ejemplo: Yo tengo dos hermanos mayores; ¿tienes hermanos? —Sí, los **míos** son mayores que yo.

Paso 2. Write four to five sentences about your partner. What did you learn about him/her/them? What do you have in common?

¿SABÍAS QUE...?
Antes de leer.

Answer the following questions. Share your opinions with the class.

1. ¿Cuál es la bebida más popular en tu país? ¿La tomas? ¿Cuáles son los ingredientes?
2. ¿Qué bebidas tomas normalmente? ¿Cuándo y con quién las tomas?
3. ¿Conoces algún refresco, té o bebida típica de Latinoamérica? ¿Lo has probado alguna vez?

A leer.

El blog de Arturo: Cómo hacer que a tu pareja le guste el mate

Dan1930 / shutterstock

Querido lector,

Si **vos** sos como yo, uno de los casi 300.000 argentinos que residen acá en los Estados Unidos, sabrás que la mayoría de estadounidenses no beben mate, bien por desconocimiento o porque no están acostumbrados al sabor. Pero si vos, como yo, tenés pareja acá y querés que tu pareja se vuelva una fan del mate y comparta contigo esta tradición tan importante en nuestra cultura, seguí leyendo porque te voy a ayudar a conseguir**lo**.

Lo primero que debés hacer es explicarle el origen y la historia. Contale que la yerba mate es originaria de las cuencas de los ríos de Paraná, Uruguay y Paraguay y que nuestros ancestros guaraníes ya la consumían y la usaban como objeto de culto y de intercambio comercial con otros pueblos allá por el siglo V. El mate además tenía la capacidad de democratizar aquellos pueblos que lo bebían porque no tenía límites de género, edad o estrato social. Lo bebían tanto hombres como mujeres, viejos como jóvenes y ricos como pobres. ¡El mate los unía en aquel entonces y **nos** sigue uniendo ahora!

Luego hablale de todas las propiedades saludables que la yerba mate tiene. Contiene, por ejemplo, xantinas, saponinas y polifenoles, los cuales son antioxidantes y nutrientes que ayudan a revitalizarse y enfocarse mentalmente, además de tener increíbles propiedades antiinflamatorias con las que ayudan al sistema inmunológico. El mate también previene un gran número de infecciones gracias a ciertos compuestos **suyos** que impiden la proliferación de bacterias, parásitos y hongos. Y no olvidés decirle que el mate reduce el apetito y aumenta el metabolismo, lo que ayuda a quemar grasas y perder peso. ¡Son todo ventajas!

Si tu pareja es como la mía, que conoce la historia y las propiedades del mate pero detesta el sabor amargo de la yerba, podés animarla a tomarlo de otras muchas maneras, por ejemplo, como lo toman nuestros vecinos en Paraguay, frío y con un poco de azúcar, o como en otras partes de la Argentina, con jugo de frutas o leche. Comprale también un vaso de mate de calabaza natural hecha a mano y un par de bombillas de metal con unos buenos filtros para atrapar las hojas o restos de la yerba.

Para terminar de convencerla, contale que el mate, más que una bebida, es parte de nuestra cultura; es algo que hacemos cada día, que forma parte de nuestro modo de vida y es un pretexto para entablar conversaciones y confidencias. Si vos tenés la capacidad de transmitirle ese amor que sentimos por nuestra bebida nacional, no tengo duda de que tu pareja también la aprenda a disfrutar y apreciar.

Después de leer.

Paso 1. Answer the following questions.

1. Según el blog, ¿hay muchos argentinos en los Estados Unidos?
2. ¿De dónde es originario el mate y qué usos tenía antes?
3. ¿Cuáles son algunos de los efectos beneficiosos del mate? ¿Los consideras importantes para tu salud? ¿Por qué?
4. ¿Qué objetos tradicionales se necesitan para preparar un mate? ¿Cómo son?
5. ¿Piensas que los argumentos del bloguero pueden convencer a alguien que tome este té? ¿Qué otros argumentos podrías ofrecer tú?

Paso 2. Now look at the text again and note the pronouns in bold. Which types of pronouns are they? Who do they refer to?

1. Si **vos** sos....
2. ...te voy a ayudar a conseguir**lo**.
3. ¡...**nos** sigue uniendo ahora!
4. ...gracias a ciertos compuestos **suyos**...

A ESCRIBIR

Paso 1. La composición

Antes de escribir.

Think about your daily routine. What do you usually do on weekdays? What do you do on weekends?

A escribir.

Now read the prompt below and write a composition. In your composition, include some of these connectors for cohesion.

primero	first
después	after/later/then
por otro lado	on the other hand
también	also
además	in additon
sin embargo	however

Un día en mi vida. Write a composition about a typical day for you. Look at the previous activity for reference and describe each part of the day in detail. Include reflexive verbs as well as appropriate direct and indirect object pronouns. Write about 10 sentences.

Después de escribir.

Proofread your composition:

- Did you include reflexive verbs?
- Did you use the correct direct and indirect object pronouns?
- Did you include at least three connectors from the list?

Paso 2. Trabajo en pareja

Work with a partner to review each other's composition and give each other feedback.

1. Share your composition with your partner. As you read your partner's work, focus on the following:

- Have the ideas been developed fully? If not, provide suggestions to make it more comprehensive.
- Are appropriate connectors used to link ideas? If not, offer some examples to enhance cohesion.
- Are reflexive verbs conjugated correctly? Are direct and indirect object pronouns used correctly? If not, underline the errors.

Once you have completed these steps, return the composition to your partner.

2. Look closely at your composition, noting the marked errors and reflecting on your partner's suggestions. Ask your instructor if you have any questions. Then rewrite it, taking into account your partner's feedback and correcting all grammatical errors. Hand in the final draft to your instructor.

¡Has aprendido mucho! ¡Enhorabuena!

CHAPTER 3 ANSWER KEY

Actividad 3.1
1. Ella
2. Él
3. Ellos
4. Ella
5. Elle
6. Él
7. Ella

Actividad 3.2
1. vosotras
2. vos/tú
3. ustedes
4. elle
5. ella

Actividad 3.3
1. d
2. g
3. e
4. c
5. b
6. a
7. f

Actividad 3.4
1. ti
2. yo
3. tú
4. conmigo
5. ti
6. mí
7. conmigo

Actividad 3.5
1. él
2. contigo

3. vos
4. ella/elle
5. él
6. ella
7. conmigo
8. tú

Actividad 3.6

1. ti
2. mí
3. ella
4. contigo
5. yo
6. ti

Actividad 3.7

1. la
2. los
3. lo
4. la
5. lo
6. lo
7. le

Actividad 3.8

1. lo
2. la
3. los
4. la
5. las
6. lo
7. las

Actividad 3.9

1. le
2. lo (comiéndolo)
3. lo (cómpralo)
4. les
5. las

6. la
7. las (búscalas)

Actividad 3.12

1. d
2. a
3. f
4. c
5. e
6. g
7. b

Actividad 3.13

1. me
2. le (leerle)
3. nos
4. Le
5. me
6. Les
7. nes

Actividad 3.14

1. Me prepara la comida mi padre.
2. Me....
3. Le....
4. Le....
5. Les....

Actividad 3.17

1. d (dárselas)
2. b
3. c
4. b
5. b
6. a (dísela)
7. b

Actividad 3.18

1. se los
2. se la
3. se las
4. nos las
5. te los
6. te lo
7. se la

Actividad 3.20

1. te
2. se
3. te
4. te (ponte)
5. os or es
6. te
7. te (maquillarte)

Actividad 3.21

1. te levantas
2. se corta
3. se viste
4. se olvidan
5. me divertí
6. se afeita
7. ponerme

Actividad 3.23

1. nuestro
2. tuya
3. suyos
4. tuye
5. nuestros
6. suyo
7. vuestra

Actividad 3.24

1. la mía
2. los míos

3. las mías
4. los nuestros
5. el mío
6. la mía
7. el suyo

¿Sabías que...?

Después de leer.

Paso 1.

1. Sí, porque según el blog alrededor de 300.000 argentinos viven en los Estados Unidos.
2. El mate es originario de las cuencas de los ríos Paraná, Uruguay y Paraguay. Además de beberse, lo usaban como objeto de culto y de intercambio comercial.
3. Tiene propiedades antiinflamatorias, previene las infecciones y ayuda a quemar grasas, entre otras.
4. Se necesitan el mate (recipiente que se hace con calabaza) y la bombilla de metal con un buen filtro.
5. Answers will vary.

Paso 2.

1. Si **vos** sos.... = personal pronoun.
2. ...te voy a ayudar a conseguir**lo**. = direct object pronoun.
3. ¡...**nos** sigue uniendo ahora! = direct object pronoun.
4. ...gracias a ciertos compuestos **suyos**... = possessive pronoun.

CAPÍTULO 4

LOS ADJETIVOS

→ Los adjetivos descriptivos
→ Los adjetivos posesivos
→ Los adjetivos demostrativos

A. LOS ADJETIVOS DESCRIPTIVOS

| una ciudad modern**a** | un paisaje bonit**o** | unos árboles alt**os** |

In Spanish, adjectives describe a noun: a person, an animal, or an object.[1]

Descriptive adjectives typically agree in gender and number with the nouns they modify.

Masculino	Femenino	No binario
-o	*-a*	*-e*
bonito(s)	bonita(s)	bonite(s)
listo(s)	lista(s)	liste(s)
-or	*-ora*	*-ore*
trabajador(es)	trabajadora(s)	trabajadore(s)
encantador(es)	encantador(as)	encantadore(s)

---

1. In addition to the masculine and feminine genders traditionally used in Spanish, this book includes one of the most commonly used non-binary pronouns, *elle,* and the grammar forms related to it. Please see Appendix 1 to learn more. It also describes the various uses of the second-person singular pronoun *vos* and the verb forms associated with it. Please see Appendix 2 to learn more.

Some adjectives retain their gender and only change to agree with the noun in the plural form:

Masculino	Femenino	No binario
-e	*-e*	*-e*
inteligente(s)	inteligente(s)	inteligente(s)
triste(s)	triste(s)	triste(s)
-consonante	***-consonante***	***-consonante***
joven(es)	joven(es)	joven(es)
difícil(es)	difícil(es)	difícil(es)

Some adjectives retain their gender but have a stem change, require or drop the accent in the plural form.

Ejemplos:
- feliz → feli**c**es
- joven → j**ó**venes
- holgazán → holgaz**a**nes

When referring to a group of people of different genders or whose gender is unknown, the plural masculine adjective is typically used. Gender-inclusive forms are now also an option, particularly when the group consists of non-binary individuals or individuals whose gender is unknown.

Ejemplos:
- una chica talentos**a** y un chico talentos**o** = unos chicos talentos**os**
- una chica talentos**a** + unknown gender = unos chicos talentos**os** or unes chiques talentos**es**

Adjectives can be placed before or after a noun and after the verbs **ser** and **estar**.

Ejemplos:
- Esta es una <u>ciudad</u> **bonita**.
- Te deseo un **feliz** <u>Año Nuevo</u>.
- Ellos <u>son</u> **inteligentes**.

PRÁCTICA

Actividad 4.1

Complete the following sentences with the correct forms of the adjectives.

1. Vivo en una casa (blanco) _____.
2. El hotel fue (pequeño) _____ y no me gustó.
3. Sus padres parecen muy (joven) _____.
4. El espacio en mi sala es (amplio) _____.
5. Mi hermana Julia es muy (alto) _____.
6. ¡Tu hermane es (encantador) _____!
7. El mío es el coche (verde) _____.

Actividad 4.2

Un anuncio

Read this ad and complete the text with the correct forms of the adjectives.

Vendo una casa 1. (moderno)_____ con vistas 2. (espectacular) _____.
Si estás buscando una propiedad 3. (nuevo) _____ para tu familia, ven a
ver esta casa 4. (cómodo) _____ y 5. (seguro) _____, de dos pisos. Las
habitaciones son 6. (espacioso) _____ y bien 7. (iluminado) _____. Los
acabados son 8. (lujoso) _____; la casa cuenta con un jacuzzi en el dormitorio principal y un 9. (hermoso) _____ jardín. La ubicación es muy 10. (conveniente) _____ y los balcones tienen una vista a la ciudad 11. (incomparable)
_____. ¡Ven a conocer tu 12. (futuro) _____ casa ya!

Actividad 4.3

Vendo mi coche

Paso 1. You want to sell your old car. Think of its size, color, features, gadgets,
etc. Write down at least six adjectives to describe it.

Paso 2. Write an ad to sell your old car. Think of the features you mentioned
in Paso 1, as well as possible uses for the car that your classmates might find
attractive (errands, commuting, etc). Write at least six sentences.

Paso 3. Share your ad with your classmates. Convince them to buy the car;
answer their questions and accept the best offer.

Actividad 4.4

Adivina quién

Complete this activity with a partner.

Think of someone famous and use adjectives to describe him/her/them to your partner. Take turns guessing who the famous person is.

Ejemplo: Él es un tenista **famoso**; tiene cabello **oscuro** y es muy **alto**. Es un tenista español. (Rafael Nadal)

Actividad 4.5

Muebles
Complete this activity with a partner.

Paso 1. Talk to your partner about new furniture or appliances that he/she/they would like to have in his/her/their current home. Ask questions to fill out the table below. Pay close attention to gender and whether adjectives are singular or plural.

Cuarto	Mueble	Tamaño	Color	Otras características
Ejemplo: baño	*una bañer**a***	*grand**e***	*blanc**a***	*espacios**a***
dormitorio				
sala				
cocina				

Paso 2. Compare and contrast your partner`s preferences with your own. Write five sentences with adjectives.

Ejemplo: Mi compañero quiere comprar un armario **pequeño**, y yo prefiero muebles **grandes**.

B. LOS ADJETIVOS POSESIVOS
Possessive adjectives indicate possession and other types of relationships to people, animals, and objects.

Ejemplos:
- **Nuestras** hermanas son amigas.
- ¿De qué raza es **tu** perro?

ADJETIVOS POSESIVOS		
	Singular	Plural
yo	mi	mis
tú, vos	tu	tus
él, ella, elle, usted	su	sus
nosotros/as/es	nuestro/a/e	nuestros/as/es
vosotros/as/es	vuestro/a/e	vuestros/as/es
ellos, ellas, elles, ustedes	su	sus

Possessive adjectives agree in gender and number with the nouns they modify.

Ejemplos:
- **Mis** libr<u>os</u> son muy pesados.
- Juan dice que **su** profesor<u>a</u> es muy agradable.

Possessive adjectives should be avoided when speaking of personal objects such as clothes or when referring to parts of the body.

Ejemplos:
- Ella se puso ~~su~~ chaqueta. = Ella se puso la chaqueta.
- Me duele ~~mi~~ estomago. = Me duele el estómago.

PRÁCTICA

Actividad 4.6

Complete the following sentences with the correct forms of the possessive adjectives.

1. Soy profesor de literatura y ___ nombre es Martín.
2. Pablo está muy triste; se murió ___ perro.
3. Nosotros vivimos en Madrid, pero ___ padres viven en Cuzco.
4. ¿Vosotras sois chilenas? Me encanta ___ país.
5. Margarita, ¿trajiste ___ computadora?
6. María y yo nos conocimos el año pasado. ___ hijos van a la misma escuela.
7. Chiques, ___ padres les esperan afuera de la escuela.

Actividad 4.7

Answer the following questions with the correct forms of the possessive adjectives.

1. ¿Son salvadoreñas vuestras amigas? —No, ___ amigas son panameñas.
2. ¿Adónde fue Fernanda? —Fue al cine con ___ novio.
3. ¿Con quién juega tu hermana? —Juega con ___ amigos.
4. ¿Qué van a hacer ahora? —Vamos a ir a ___ casa.
5. ¿Fuiste a ver a tus padres? —No, ___ padres me visitaron a mí.
6. ¿Qué hacen Marco y Valentín? —Estudian con ___ compañeros de clase.
7. ¿Dónde está tu mamá? —Está en una reunión con ___ colegas.

Actividad 4.8

Read the following sentences and circle the correct adjective.

1. Me estoy cepillando (mis/los) dientes.
2. Julia, ¿cómo se llama (tu/la) hermana?
3. Esta no es (nuestra/la) casa.
4. Alberto se torció (su/el) tobillo.
5. Hijo, ponte (tus/los zapatos).
6. Voy a salir con (mi/la) novia.
7. Ella quiere visitar a (su/la) madre.

Actividad 4.9

Comidas y bebidas
Complete this activity with a partner.

Paso 1. Write a list of foods and beverages that you like and dislike.

Me gusta(n)	No me gusta(n)

Paso 2. Ask your partner questions to compare your preferences. Use possessive adjectives.

Ejemplo: ¿Cuál es **tu** postre favorito?

Write your partner`s answers in this table:

Le gusta(n)	No le gusta(n)

Paso 3. Write two differences and two similarities that you identified. Share your findings with the class.

Actividad 4.10

La universidad
Complete this activity with a partner.

Paso 1. Ask your partner questions to compare your college experiences. Think of the following:

- friends
- classes
- extracurricular activities
- sports and exercise
- leisure time

Take notes; you will use them for the next activity.

Paso 2. Using your notes from Paso 1, determine whether the following statements are true or false. Ask your partner additional questions if needed.

Cierto   Falso

1. **Mis** clases son más difíciles que las clases de mi compañero/a/e.
2. **Mi** compañero/a/e participa en un club de debates.
3. **Mi** compañero/a/e hace ejercicio con **sus** amigos.
4. **Sus** amigos estudian la misma carrera que yo.
5. Tenemos que ajustar **nuestros/as/es** horarios para tener más equilibrio.

Paso 3. Share your findings with the class and determine what you all have in common.

C. LOS ADJETIVOS DEMOSTRATIVOS

Demonstrative adjectives identify people, animals, or objects that are located at different distances from the speaker.

Ejemplos:
- **Esta** niña es mi hija. (typically the closest to the speaker)
- Mira, **ese** gato está dormido. (typically far from the speaker)
- **Aquella** montaña es grande. (typically the farthest from the speaker)

ADJETIVOS DEMOSTRATIVOS			
	cerca	lejos	lo más lejano
masculino	este (estos)	ese (esos)	aquél (aquellos)
femenino	esta (estas)	esa (esas)	aquella (aquellas)
no binario	este (estes)	ese (eses)	aquelle (aquelles)

Demonstrative adjectives agree in gender and number with the nouns they modify.

Ejemplos:

- No me gusta **esta** comid<u>a</u>.
- **Aquell<u>os</u>** perr<u>os</u> son muy rápidos.
- ¿Conoces a **ese** chiqu<u>e</u>?

Demonstrative pronouns are the same words as demonstrative adjectives but are used to replace nouns.

Ejemplos:

- ¿De qué material son estas faldas? —**Estas** son de algodón.
- ¿Es ese tu hijo? —No, no es **ese**.
- ¿Cuál de las bolsas te gusta? —**Aquella**.

Esto, eso and **aquello** can be used to refer to something unknown or unspecified.

Ejemplos:

- ¿Qué es **eso**? —No sé. Creo que es un castillo.
- ¿De quién es **esto**? —No sé. Tal vez sea de María.

PRÁCTICA

Actividad 4.11

La universidad

Look at this picture and determine whether the statements below are true or false.

Pavel L Photo and Video / shutterstock

Cierto   Falso

1. **Esa** sala es muy grande.
2. **Esas** pantallas son pequeñas.
3. **Estos** estudiantes están en un concierto.
4. Los estudiantes escuchan a **ese** profesor.
5. **Este** evento es muy caótico.
6. **Esos** asientos se ven muy cómodos.
7. **Aquellos** estudiantes en la primera fila están dormidos.

Actividad 4.12

Read the following sentences and circle the correct adjective.

1. Hay mucha luz en (este/esta/estos) habitación.
2. No tires (este/esos/aquél) cuadernos; los necesito para mis clases.
3. A Elisa le encantaron (este/estos/esas) gafas.
4. (Este/Esa/Eso) gatito tiene hambre.
5. ¿De quién son (ese/esas/esos) fotos?
6. ¿Quién preparó (ese/estos/esta) pastel?
7. Queremos jugar con (aquel/aquella/aquellos) niños.

Actividad 4.13

Read each sentence and put the highlighted adjective in the plural form. Modify the rest of the sentence as needed.

Ejemplo: **Ese** niño quiere helado. **Esos** niños quieren helados.

1. **Este** televisor cuesta 10.000 pesos.
2. Me encanta **aquella** foto.
3. **Ese** chique va a Guadalajara.
4. **Aquel** hombre habla con el mesero.
5. **Esta** mesa está rota.
6. **Esa** clase termina a las 6 de la tarde.
7. **Esta** falda es de talla mediana.

Actividad 4.14

La ropa

 Your closet is full, and you have decided to donate a few items. Look at this picture and determine which items you will give away and why. Write five sentences with demonstrative adjectives.

Ejemplo: Voy a donar **esos** pantalones porque me quedan grandes.

Actividad 4.15

Objetos

Complete this activity with your partner.

Paso 1. Look around and talk about the objects you see. Point to them and ask who they belong to. In your questions, use the adjectives **este, ese, aquel**, etc. Take turns and ask at least five questions each.

Ejemplo:
    Estudiante A: ¿De quién es **aquella** mochila?
    Estudiante B: **Aquella** es de la profesora.

Write a list of the objects you both mention; you will use this list for the next activity.

Paso 2. Look at the list of the objects you wrote down in the first step. For each object, write two descriptive adjectives.

Ejemplo: **Aquella** mochila es grand**e** y bonit**a**.

Actividad 4.16

Capitales

Look up the capital of a Spanish-speaking country. Research it online and write about it with as many adjectives as you can. Write about 10 sentences.

¿SABÍAS QUE...?

Antes de leer.

Answer the following questions. Share your opinions with the class.

1. ¿Tienes algún objeto de arte en tu habitación, apartamento o casa?
2. ¿Te gusta el arte? ¿Qué tipo?
3. ¿Haces algún tipo de manualidades (handicrafts)? ¿Y cuando eras pequeño/a/e?

A leer.

Los alebrijes

aindigo / shutterstock

Si has visitado alguna vez México, habrás visto en muchas de sus tiendas locales una especie de pequeñas esculturas muy coloridas representando seres extraños. A estas esculturas se las conoce como alebrijes. Los alebrijes son artesanías tradicionales mexicanas con forma de criaturas fantásticas y coloridas. La mayoría combina elementos fisionómicos de diferentes animales, reales o imaginarios, pero sin duda, una de las cosas que más llama la atención es su colorido. Cada uno de estos colores tiene un significado diferente. Por ejemplo, el rosa es un color sensible que simboliza el amor, mientras que el verde se asocia con la naturaleza y también con la empatía. El naranja se usa para canalizar las energías negativas, mientras que el amarillo expresa sentimientos más positivos, como la alegría.

El inventor de los alebrijes fue Pedro Linares López, un artesano que trabajaba en el popular barrio de la Merced en la ciudad de México en el mismo negocio regentado por su padre y su abuelo. Linares y su familia trabajaban como cartoneros, haciendo piñatas, esqueletos y máscaras con cartón y papel maché. En 1936, Linares se enfermó muy gravemente con unas altas fiebres durante las cuales soñó con bosques fantásticos en los que vivían extraordinarios y coloridos animales entremezclados. Linares dijo haber visto un burro con alas, un león con cabeza canina y un gallo con cuernos de toro. Y todos ellos le repetían lo mismo: "¡alebrijes, alebrijes!"

Cuando Linares se recuperó, replicó en su taller estas criaturas oníricas usando la técnica de la cartonería todavía en vigor hoy en día. Así el esqueleto del alebrije se hace con una base de alambre a la que se añaden después muchas capas de papel humedecido y engrudo —una especie de pegamento a base de harina y agua. Cuando está seco se le agregan todos los detalles —picos, ojos, garras y alas— para por último pintarlo con colores vivos o diferentes patrones. Como no se usa un molde en concreto, cada alebrije es único e irrepetible; es decir, no hay dos alebrijes iguales.

En algunos estados de México, los alebrijes se hacen con otras técnicas. En Oaxaca, por ejemplo, donde ya existía la tradición de tallar la madera para hacer juguetes, figuras religiosas u otros utensilios afines, los alebrijes se hacen con madera de copal y se tiñen con pigmentos naturales como la ceniza, la cal o la miel. En esta y algunas otras regiones, el alebrije se fusionó con el concepto mitológico precolombino y se transformó en un animal que protegía y guiaba el espíritu de una persona. La película de Disney "Coco" popularizó este concepto de alebrijes, donde son los encargados de guiar las almas de los muertos por el otro mundo.

En la actualidad, los alebrijes siguen siendo una parte activa del imaginario cultural y artístico de México. Desde 2007, el Museo de Arte Popular, en colaboración con otros organismos, ha organizado un evento cada mes de octubre conocido como La Noche de los Alebrijes. En este evento, se invita a artistas y a otras entidades públicas y privadas a crear sus propios alebrijes y participar en un desfile por las calles más emblemáticas de México. Estos alebrijes suelen ser muy grandes y costosos, por lo que los creadores tienen que buscar patrocinio económico para poder hacerlos. Al final del desfile, los alebrijes se dejan expuestos en la calle hasta principios de noviembre, cuando se elige a los ganadores del concurso.

Después de leer.

Determine if the following statements are true (Cierto) or false (Falso). Provide the correct answers for the statements that are false.

¿Cierto o Falso?

1. Los alebrijes forman parte del imaginario cultural mexicano desde hace muchos siglos.
2. Los alebrijes pueden ser de madera o de cartón.
3. La idea del alebrije surgió en un taller de artesanía.
4. Pedro Linares no tenía mucha experiencia con la cartonería antes de crear los alebrijes.

5. El alambre, el cartón y el engrudo son algunos de los elementos que se usan para hacer alebrijes.
6. Los alebrijes más populares se replican con frecuencia.
7. En algunas partes de México, los alebrijes tienen un significado más espiritual.
8. La Noche de los Alebrijes es un festival anual donde se enseña cómo hacer alebrijes.
9. La mayoría de artistas que participan en La Noche de los Alebrijes financian personalmente sus creaciones.

A ESCRIBIR
Paso 1. La composición
Antes de escribir.

1. Look online for images of *alebrijes*. Make a list of adjectives to describe the *alebrijes* you choose.
2. Thinking of the images you found, decide if the adjectives below accurately describe *alebrijes*.

		Sí	No
1.	pequeño		
2.	grande		
3.	blando		
4.	extraño		
5.	vibrante		
6.	aterrador		
7.	cómico		
8.	irrepetible		
9.	real		
10.	imaginario		
11.	sobrenatural		
12.	artesanal		
13.	fascinante		
14.	monótono		
15.	folclórico		
16.	sorprendente		

A escribir.

Now read the prompt below and write a composition. In your composition, include some of these connectors for cohesion.

primero	first
después	after/later/then
por otro lado	on the other hand
también	also
además	moreover
sin embargo	however

Aprendiz de alebrijes. Imagine you have joined a workshop to learn how to make *alebrijes*, and you just made your first. Write an email to a friend describing your *alebrije*. Mention its physical appearance, its personality, and what it represents for you. Write about seven sentences.

Después de escribir.

Proofread your composition:

- Did you check your spelling?
- Do the adjectives you used agree in number and gender with the nouns they refer to?
- Did you include at least three connectors from the list?

Paso 2. Trabajo en pareja

Work with a partner to review each other's composition and give each other feedback.

1. Share your composition with your partner. As you read your partner's work, focus on the following:

- Have the ideas been developed fully? If not, provide suggestions to make it more comprehensive.
- Are appropriate connectors used to link ideas? If not, offer some examples to enhance cohesion.
- Do adjectives agree in number and gender with their corresponding nouns? If not, underline errors.

Once you have completed these steps, return the composition to your partner.

2. Look closely at your composition, noting the marked errors and reflecting on your partner's suggestions. Ask your instructor if you have any questions. Then rewrite it, taking into account your partner`s feedback and correcting all grammatical errors. Hand in the final draft to your instructor.

¡Has aprendido mucho! ¡Enhorabuena!

CHAPTER 4 ANSWER KEY

Actividad 4.1
1. blanca
2. pequeño
3. jóvenes
4. amplio
5. alta
6. encantadore
7. verde

Actividad 4.2
1. moderna
2. espectaculares
3. nueva
4. cómoda
5. segura
6. espaciosas
7. iluminadas
8. lujosos
9. hermoso
10. conveniente
11. incomparable
12. futura

Actividad 4.6
1. mi
2. su
3. nuestros
4. vuestro
5. tu
6. Nuestros
7. sus

Actividad 4.7
1. nuestras
2. su
3. sus

4. nuestra
5. mis
6. sus
7. sus

Actividad 4.8

1. los
2. tu
3. nuestra
4. el
5. los
6. mi
7. su

Actividad 4.12

1. esta
2. esos
3. esas
4. Este
5. esas
6. ese
7. aquellos

Actividad 4.13

1. **Estos** televisores cuestan 10.000 pesos.
2. Me encantan **aquellas** fotos.
3. **Eses** chiques van a Guadalajara.
4. **Aquellos** hombres hablan con el mesero.
5. **Estas** mesas están rotas.
6. **Esas** clases terminan a las 6 de la tarde.
7. **Estas** faldas son de talla mediana.

¿Sabías que...?

Después de leer.

1. F. Los alebrijes se inventaron en el siglo XX.
2. C.
3. F. La idea surgió en unos sueños o alucinaciones que tuvo Pedro Linares.
4. F. Él y su familia eran cartoneros y tenían un negocio de cartonería en la ciudad de México.
5. C.
6. F. Cada alebrije es único.
7. C.
8. F. No se enseña a hacer alebrijes, sino que se muestran en desfiles alebrijes que crean los artistas.
9. F. Como los alebrijes son muy costosos de hacer, la mayoría de artistas busca ayuda económica de patrocinadores.

CAPÍTULO 5

LOS NÚMEROS

→ Los números cardinales
→ Los números ordinales

A. LOS NÚMEROS CARDINALES

| **un** gato | **dos** gatos | **tres** gatos |

In Spanish, cardinal numbers are used to indicate quantity, age, date, time, etc., and in math calculations.[1]

---

1. In addition to the masculine and feminine genders traditionally used in Spanish, this book includes one of the most commonly used non-binary pronouns, *elle*, and the grammar forms related to it. Please see Appendix 1 to learn more. It also describes the various uses of the second-person singular pronoun *vos* and the verb forms associated with it. Please see Appendix 2 to learn more.

NÚMEROS CARDINALES

1 – uno/un/ una/une/ unos/unas/ unes	11 – once	21 – veintiuno/ veintiún/ veintiuna/ veintiune/	40 – cuarenta	200 – doscientos/ as/es
2 – dos	12 – doce	veintunos/	50 – cincuenta	300 – trescientos/
3 – tres	13 – trece	veintiunas/	60 – sesenta	as/es
4 – cuatro	14 – catorce	veintiunes	70 – setenta	400 –
5 – cinco	15 – quince	22 – veintidós	80 – ochenta	cuatrocientos/
6 – seis	16 – dieciséis	23 – veintitrés	90 – noventa	as/es
7 – siete	17 – diecisiete	24 – veinticuatro	100 – cien/ ciento	500 – quinientos/ as/es
8 – ocho	18 – dieciocho	25 – veinticinco		600 – seiscientos/ as/es
9 – nueve	19 – diecinueve	26 – veintiséis		700 – setecientos/ as/es
10 – diez	20 – veinte	27 – veintisiete		800 – ochocientos/ as/es
		28 – veintiocho		900 – novecientos/ as/es
		29 – veintinueve		1000 – mil
		30 – treinta		1.000.000 – un millón

Cardinal numbers can be used with or without nouns.

Ejemplos:
- Hay **tres** <u>estudiantes</u> en la clase.
- ¿Cuántos <u>vasos</u> hay sobre la mesa? —**Dos**. (= dos vasos)

Numbers between 31 and 99 are formed with **y**.

Ejemplos:
- En el examen hay treinta **y** tres preguntas.
- Alquilamos sesenta **y** tres sillas.

Some cardinal numbers agree in gender and number with the noun they accompany.

Ejemplos:
- 200, 300, 400,... 900:
    - En la fiesta hubo trescient**os** invitad**os**.
    - Tenemos ochocient**as** alumn**as**.
- Non-binary forms:
    - Conocí a un**e** chiqu**e** en la universidad.
    - Había veintiun**es** person**es** en la sala.
- Un, veintiún, treintaiún, etc. + masculine noun:
    - Tengo solamente **un** libr**o**.
    - Tengo veinti**ún** años.
- Without a noun:
    - ¿Cuántas plantas compraste vos? —**Una**. (= una planta)
    - ¿Gastaste cuatrocientos pesos? —No, **doscientos**. (= doscientos pesos)

By itself, 100 is **cien**. When followed by a number, it's **ciento**.

Ejemplos:
- ¿Cuántos estudiantes asistieron al evento? —**Cien**.
- ¿A cuántas personas invitaste? —**Ciento** treinta y ocho.

There is no **y** immediately after **ciento, -cientos/as/es**, or **mil**.

Ejemplos:
- Tengo ciento ochenta y tres emails.
- Envié trescientas veinte invitaciones.
- En el zoológico había mil doscientos cuarenta y siete animales.

Years are referred to as regular cardinal numbers.

Ejemplos:
- Nací en 1978. = Nací en mil novecientos setenta y ocho.
- Me casé en 2021. = Me casé en dos mil veintiuno.

PRÁCTICA

Actividad 5.1

Write the numbers in parentheses as words.

1. (13) _____.
2. (28) _____.
3. (66) _____.
4. (73) _____.
5. (80) _____.
6. (103) _____.
7. (504) _____.
8. (1200) _____.
9. (4260) _____.

Actividad 5.2

Complete these calculations and write the answers as words.

1. cinco + cinco = _____.
2. tres + cuatro = _____.
3. once + quince = _____.
4. veinte – trece = _____.
5. cincuenta + diecisiete = _____.
6. sesenta + doce = _____.
7. cien – cuarenta y dos = _____.
8. trescientos – veintitrés = _____.
9. mil – ochenta y tres = _____.

Actividad 5.3

Read the following sentences and write the correct forms of the cardinal numbers in parentheses as words.

1. Mi amiga tiene (4) _____ hijos.
2. Son las (8) _____ de la mañana.
3. Hoy es el (13) _____ de julio.
4. Acabo de cumplir (15) _____ años.
5. Mi abuela vivió en Montevideo (47) _____ años.
6. Esta maleta pesa (52) _____ kilos.

7. Aquí hay sólo (21) _____ personas.
8. Juan tiene (100) _____ amigos.
9. En el concierto hubo (325) _____ personas.
10. Ese boleto de avión cuesta (500) _____ euros.

Actividad 5.4

¿Qué año fue?

Write down the year in which the following members of your family (whichever are applicable) were born.

Ejemplo: Yo nací en mil novecientos ochenta y tres (1983).

- you
- your parent
- your grandparent
- your cousin
- your niece or nephew

Actividad 5.5

¿Quién fue primero/a/e?

Complete this activity with a partner.

Ask each other questions to complete the table. Write the years as words. Share your findings with the class.

	Nombre(s)	Año
Primero/a/e en nacer:		
Primero/a/e en graduarse de la escuela preparatoria:		
Primero/a/e en entrar en la universidad:		

B. LOS NÚMEROS ORDINALES

Ordinal numbers indicate order or sequence.

Ejemplos:
- Este es mi **segundo** año en la universidad.
- Juan vive en el **cuarto** piso.

NÚMEROS ORDINALES

1° – primero/a/e	11° – undécimo/a/e	30° – trigésimo/a/e	200° – ducentésimo/a/e
2° – segundo/a/e	12° – duodécimo/a/e	40° – cuadragésimo/a/e	300° – tricentésimo/a/e
3° – tercero/a/e	13° – decimotercero/a/e	50° – quincuagésimo/a/e	400° – cuadringentésimo/a/e
4° – cuarto/a/e	14° – decimocuarto/a/e	60° – sexagésimo/a/e	500° – quingentésimo/a/e
5° – quinto/a/e	15° – decimoquinto/a/e	70° – septuagésimo/a/e	600° – sexcentésimo/a/e
6° – sexto/a/e	16° – decimosexto/a/e	80° – octogésimo/a/e	700° – septingentésimo/a/e
7° – séptimo/a/e	17° – decimoséptimo/a/e	90° – nonagésimo/a/e	800° – octingentésimo/a/e
8° – octavo/a/e	18° – decimoctavo/a/e	100° – centésimo/a/e	900° – noningentésimo/a/e
9° – noveno/a/e	19° – decimonoveno/a/e	101° – centésimo primero/a/e	1000° – milésimo/a/e
10° – décimo/a/e	20° – vigésimo/a/e		1000000° – millonésimo/a/e
	21° – vigésimo primero/a/e		
	22° – vigésimo segundo/a/e		
	23° – vigésimo tercero/a/e		

Ordinal numbers can be used with or without nouns.

Ejemplos:
- Esta es mi **segunda** visita a Zaragoza.
- ¿Cuál de los ejercicios terminaste? —El **cuarto**. (= el cuarto ejercicio)

Typically, from 11 on, cardinal numbers are used where ordinal numbers are common in English.

Ejemplos:
- Alfonso XIII fue rey de España. (= Alfonso **trece**, rather than decimotercero)
- Me encanta la poesía del siglo XVIII. (= **dieciocho**, rather than decimoctavo)

Ordinal numbers agree in gender and number with the nouns they accompany.

Ejemplos:
- Ella es mi segund**a** espos**a**.
- Mi hijo estudia en el octav**o** grad**o**.
- Jorge llegó **le** primer**e** en la competencia.

Primero and tercero + singular masculine noun = **primer, tercer**

Ejemplos:
- Hoy celebro mi **tercer** añ**o** en esta empresa.
- Su **primer** viaj**e** a Bolivia fue muy emocionante.

PRÁCTICA

Actividad 5.6

Write the numbers in parentheses as words.

1. Juan vive en el (8º) _____ piso.
2. Sara vive en el (1) _____ piso.
3. Renata vive en el (5º) _____ piso.
4. Pilar vive en el (10º) _____ piso.
5. José vive en el (7º) _____ piso.
6. Gabriel vive en el (3) _____ piso.
7. Daniel vive en el (2º) _____ piso.

Actividad 5.7

Look at the numbers in parentheses and write them as words.

1. Mi amiga acabó (2ª) _____ en el maratón.
2. Marzo es el (3) _____ mes del año.
3. Yo llegué le (6ª) _____ en el maratón.
4. No me gustó el (2º) _____ libro de esta autora.
5. Mi primo es el (1º) _____en natación en su clase.
6. La letra *d* es la (4ª) _____ en el alfabeto.
7. Esta es la (1ª) _____ vez que veo a este hombre.

Actividad 5.8

Atletas

Complete this activity with a partner.

Paso 1. Look at the picture and try to guess the order these athletes will place in the race. Include ordinal numbers in your responses. Write your answers down; you will need them to complete Paso 2 with your partner.

Ejemplo: Creo que Martina va a ganar el primer lugar. *or* Creo que Martina va a llegar primera.

(17) Ana (48) Luisa (39) Pedro (54) Elisa (27) Juan (14) Martina (42) Jorge

Paso 2. Compare your answers to those of your partner. Write down the similarities and the differences and share them with the class.

Actividad 5.9

Países hispanos

Think of a Spanish-speaking country. Do research online and write about seven sentences about it with cardinal and ordinal numbers. Include statistical information such as physical size, population, number of ethnic groups, etc. Write all numbers as words.

¿SABÍAS QUE...?
Antes de leer.

Answer the following questions. Share your opinions with the class.

1. ¿Te has parado a pensar alguna vez en qué importancia tienen los números en tu vida?
2. ¿Para qué usas números normalmente en tu día a día? Haz una lista con algunos ejemplos.
3. ¿Podemos interpretar números? ¿Nos ayudan a entender aspectos de nuestra vida? Piensa en uno o dos aspectos donde los números son imprescindibles.

A leer.

¿Qué nos cuentan los números?

Abstract background / shutterstock

Los primeros documentos donde aparecen números datan de hace unos cinco mil años, y los encontramos en el valle asiático de Mesopotamia entre los ríos Tigris y Eúfrates. Unos dos mil años después, los sumerios desarrollaron un sistema de escritura numérica conocido como cuneiforme. Con el tiempo, el uso de los números se extendió y fue adaptado; lo usaron los egipcios, los griegos, los romanos, los chinos y los hindúes, quienes crearon nuestro actual sistema numérico hace mil doscientos años.

Sin embargo, en el siglo diecinueve, algo ocurrió con los números. Con la llegada de la estadística, las encuestas, la internet y lo que llamamos Big Data, se empezó a pensar en los números de una manera diferente. Sin ninguna duda, los números, hoy en día, pueden contar historias. Así es cómo Domestic Data Streamers ve el mundo de los números. Domestic Data Streamers (DDS) apareció en dos mil trece y se fundó partiendo de la idea básica de que el mundo no puede ser entendido sin números, aunque, según afirman, tampoco se puede entender solamente con números. La agrupación está compuesta por diseñadores, científicos sociales y creadores tecnológicos que desean cruzar las fronteras entre diferentes campos y especialidades. DDS nació en Barcelona, pero ha desarrollado proyectos en más de dieciocho países alrededor del mundo, y ha llevado sus ideas a espacios tan diferentes como escuelas, prisiones, iglesias u oficinas de corporaciones. Sus miembros tienen el objetivo de combinar el poder ancestral de la narración con la recogida de datos y números para crear proyectos artísticos de participación popular. Crean sistemas y preguntas, pero desconocen cuál será el resultado final porque éste depende de las personas que participan en su exhibición. El objetivo de sus instalaciones es desarrollar un proyecto comunitario y educativo donde la gente pueda sentir y pensar con empatía.

Uno de estos proyectos se llama el Museo Analógico de la Desigualdad Digital. Con esta exhibición, el grupo anima a la gente a reflexionar sobre la complejidad de dicha desigualdad que afecta a diferentes grupos según su género, edad, geografía o cultura. Dividida en seis instalaciones, va planteando al espectador preguntas sobre la evolución de la tecnología, cuestionando, por ejemplo, el valor universal del lenguaje técnico, ya que la edad de una persona puede ser a veces un obstáculo. En la instalación, vemos otros datos de gran importancia, como, por ejemplo que hoy en día sólo veinticuatro de cada mil mujeres se han graduado en disciplinas tecnológicas en Europa.

Uno de los puntos de mayor poder visual es un mapa de la desigualdad donde vemos que un ochenta y siete por ciento de hogares en el hemisferio norte de nuestro planeta tiene acceso a internet frente a solamente el cuarenta y siete por ciento en el sur. La narrativa de la exhibición enfatiza la urgencia de desarrollar programas que ayuden a la democratización tecnológica. La última pregunta, al final de la exhibición, es abierta y permite que el espectador reflexione: "¿Habrá una mayor distancia digital entre nuestros padres y nosotros o entre nosotros y nuestros hijos? ¿Cuál crees tú que es la respuesta?"

Después de leer.

1. ¿Cómo y cuándo se han comenzado a interpretar los números?
2. ¿Para qué usa DDS los números?
3. ¿Son todos los miembros del grupo artistas? Justifica tu respuesta con información del texto.
4. ¿Por qué es importante el público en las instalaciones de DDS?
5. ¿De qué manera pretende impactar al público DDS?
6. ¿Qué factores influyen en que en el mundo exista la desigualdad digital según el grupo?

7. De los datos que se analizan en esta exhibición, ¿cuál te parece más relevante? ¿Por qué?

8. ¿Cuál crees que es la respuesta a la última pregunta del artículo?

A ESCRIBIR
Paso 1. La composición
Antes de escribir.

Work with a partner to complete this activity. Think about the high school you attended and fill out the table below. If you cannot recall or find the exact information, make an estimate. Write the numbers as words in Spanish.

	Mi escuela	La escuela de mi compañero/a/e
Número total de estudiantes:		
Número de estudiantes por clase:		
Número de profesores:		
Número de actividades extracurriculares:		

A escribir.

Now read the prompt below and write a composition. In your composition, include some of these connectors for cohesion.

primero	first
después	after/later/then
por otro lado	on the other hand
también	also
además	moreover
sin embargo	however
en comparación	in comparison

Nuestras escuelas. Write a brief summary of the two schools, comparing and contrasting the information that you gathered in the previous activity. Remember to write numbers as words. Write about seven sentences.

Después de escribir.

Proofread your composition:

- Did you check your spelling?
- Did you write all numbers as words?
- Did you include at least three connectors from the list?

Paso 2. Trabajo en pareja

Work with a partner in order to review each other's composition and give each other feedback.

1. Share your composition with your partner. As you read your partner's work, focus on the following:

- Have the ideas been developed fully? If not, provide suggestions to make it more comprehensive.
- Are appropriate connectors used to link ideas? If not, offer some examples to enhance cohesion.
- Are numbers used and spelled correctly? If not, underline the errors.

Once you have completed these steps, return the composition to your partner.

2. Look closely at your composition, noting the marked errors and reflecting on your partner's suggestions. Ask your instructor if you have any questions. Then rewrite it, taking into account your partner`s feedback and correcting all grammatical errors. Hand in the final draft to your instructor.

¡Has aprendido mucho! ¡Enhorabuena!

CHAPTER 5 ANSWER KEY

Actividad 5.1
1. trece
2. veintiocho
3. sesenta y seis
4. setenta y tres
5. ochenta
6. ciento tres
7. quinientos cuatro
8. mil doscientos
9. cuatro mil doscientos sesenta

Actividad 5.2
1. diez
2. siete
3. veintiséis
4. siete
5. sesenta y siete
6. setenta y dos
7. cincuenta y ocho
8. novecientos diecisiete

Actividad 5.3
1. cuatro
2. ocho
3. trece
4. quince
5. cuarenta y siete
6. cincuenta y dos
7. veintiún
8. cien
9. trescientas veinticinco.
10. quinientos

Actividad 5.6

1. octavo
2. primer
3. quinto
4. décimo
5. séptimo
6. tercer
7. segundo

Actividad 5.7

1. segunda
2. tercer
3. sexte
4. segundo
5. primero
6. cuarta
7. primera

¿Sabías que...?

Después de leer.

1. En el siglo XIX y luego con la llegada de Big Data.
2. Para entender el mundo, aunque no se puede hacer sólo con números.
3. No, son profesionales de diferentes campos, como diseñadores o ingenieros.
4. Porque interactúan con las instalaciones y, en cierta medida, crean el resultado final.
5. Pretende educar y crear conciencia artística y empatía.
6. La desigualdad es muy compleja y afecta a diferentes grupos según su género, edad, geografía o cultura.
7. Answers will vary.
8. Answers will vary.

CAPÍTULO 6

EL PRESENTE DE INDICATIVO

→ El presente de indicativo: verbos regulares
→ El presente de indicativo: verbos irregulares

A. EL PRESENTE DE INDICATIVO: VERBOS REGULARES

| Yo **estudio**. | Ella **trabaja**. | Ellas **posan** para la foto. |

Regular verbs are those whose conjugation follows a predictable pattern. In Spanish, there are three categories of regular verbs; they end with **-ar, -er,** and **-ir**. Below is the conjugation pattern of regular verbs in the present tense.[1]

---

1. In addition to the masculine and feminine genders traditionally used in Spanish, this book includes one of the most commonly used non-binary pronouns, *elle,* and the grammar forms related to it. Please see Appendix 1 to learn more. It also describes the various uses of the second-person singular pronoun *vos* and the verb forms associated with it. Please see Appendix 2 to learn more.

PRESENTE DE INDICATIVO: VERBOS REGULARES		
	-ar (trabajar)	**-er** (comer)	**-ir** (vivir)
yo	trabaj**o**	com**o**	viv**o**
tú/vos	trabaj**as**/trabaj**ás**	com**es**/com**és**	viv**es**/viv**ís**
él, ella, elle, usted	trabaj**a**	com**e**	viv**e**
nosotros/as/es	trabaj**amos**	com**emos**	viv**imos**
vosotros/as/es	trabaj**áis**	com**éis**	viv**ís**
ellos, ellas, elles, ustedes	trabaj**an**	com**en**	viv**en**

The present indicative is used to describe:

- an event or a situation in the present.

    Ejemplos:
    - Mi hermana **estudia** química.
    - Juan y yo **vivimos** en un apartamento.

- actions happening at the moment of speaking.

    Ejemplos:
    - ¿Qué **necesitas**? —**Necesito** ayuda.
    - No **entiendo** lo que dice Juan.

- habitual actions.

    Ejemplos:
    - Nosotros siempre **comemos** a las 2 de la tarde.
    - Mi padre **corre** todos los días.

- general facts and observations.

    Ejemplos:
    - La Amazonia **abarca** varios países.
    - Las plantas **necesitan** agua.

- future actions (usually scheduled).

    Ejemplos:
    - Mañana **voy** al médico.
    - El concierto **es** el próximo jueves a las 8 de la tarde.

- a request for help, advice, or a favor.

  Ejemplos:
  - ¿Me **pasas** la sal, por favor?
  - ¿Qué **hago**? ¿**Llamo** al médico?
  - ¿Te **doy** mi libro?

The present indicative is also used to narrate events that occurred in the past (presente histórico).

Ejemplos:
- Cuando Cortés llega a Tenochtitlan, descubre una ciudad majestuosa.
- En Venezuela, se firma el acta de independencia en 1811.

In negative sentences, **no** is placed before the verb.

Ejemplos:
- Yo **no** como mariscos.
- Nosotras **no** vivimos en Montevideo.
- Mi madre **no** habla inglés.

In interrogative sentences, the subject is usually placed after the verb.

Ejemplos:
- ¿Trabaja **ella** contigo?
- ¿Cuándo llega **el profesor**?
- ¿A qué hora acaba **la clase**?

Voseo refers to the use of **vos** as a second-person singular pronoun and the verbal forms associated with it. Today, at least one-third of the Spanish-speaking population of Latin America uses *voseo*.

The use of *voseo* may be grouped in three subcategories:

- voseo pronominal: pronoun **vos** is used but verb conjugation corresponds to **tú**.

Ejemplo:

Vos com**es**. **Vos** trabaj**as**. (e.g., in some areas of Argentina)

• voseo verbal: pronoun **tú** is used but verb conjugation corresponds to **vos**.

Ejemplo:

Tú com**és**. **Tú** trabaj**ás**. (e.g., in Uruguay)

• voseo "pleno": pronoun **vos** is used and verb conjugation corresponds to **vos**.

Ejemplo:

Vos com**és**. **Vos** trabaj**ás**. (e.g., in most of Argentina and Central America)

The conjugation of verbs that correspond to **vos** is as follows: in the case of **-ar** and **-er** verbs, an accent is added to the final vowel of the verb, while **-ir** verbs are conjugated using the **-ís** ending.

Ejemplos:

• Vos **trabajás** mucho.
• Tú no **comés** carne.
• ¿Vos **vivís** aquí?

Among the multiple uses of this linguistic phenomenon are indicating intimacy and closeness, reprimanding, commanding, making requests, asking for favors, comforting, marking deference, setting distance, and complaining.

Ejemplos:

• Tú eres mi amigo. *versus* **Vos** sos mi amigo. (= greater intimacy)
• **Vos** no podés portarte así. (= reprimanding)

More information on the various uses of the second-person singular pronoun **vos** and the verb forms associated with it can be found in Appendix 2.

PRÁCTICA

Actividad 6.1

Complete the following sentences with the correct forms of the verbs in the present indicative.

1. Mis padres y yo siempre (pasar)_____ el verano en el campo.
2. Mi abuelo (escuchar)_____ la radio todas las noches.

3. ¿Dónde (trabajar)_____ Lisa y Miguel?

4. Amiga, ¿me (prestar)_____ tu computadora?

5. ¿Cuándo (llegar)_____ tu madre?

6. ¿Qué (estudiar)_____ vos? (Argentina)

7. Los vegetarianos no (comer) _____ carne.

8. Mi amigue (regresar)_____ la semana que viene.

9. ¿Qué música (escuchar)_____vosotros?

10. Los monos (vivir)_____ en bosques.

Actividad 6.2

Answer the following questions in the present indicative.

1. ¿A qué hora acaban tus clases? _____

2. ¿Qué deseas comer hoy? _____

3. ¿Quién te llama en la noche? _____

4. ¿Con quién compartís vos tu cuarto? _____

5. ¿Qué no te permiten tus padres? _____

6. ¿Quién califica tus exámenes? _____

7. ¿Quiénes cocinan en tu casa? _____

8. ¿Comprendes la lengua japonesa? _____

9. ¿Votas en las elecciones presidenciales? _____

10. ¿Cuándo cumples años? _____

Actividad 6.3

Busco trabajo

Think of the steps it takes to find a job. Read the following sentences, put the verbs in parentheses in the correct forms of the present indicative, and organize the sentences in the correct order, using a, b, c, etc.

1. Yo (preparar) _____ mi curriculum. ___a__

2. Yo (aceptar) _____ la oferta de trabajo. _____

3. Yo (mandar) _____ mi información a diferentes empresas. _____

4. Yo (escribir)_____ una carta de presentación. _____

5. Yo (llegar) _____ a la entrevista. _____

Actividad 6.4

Amistades

Think of a friend of yours and write a brief description of him/her/them with the following verbs:

vivir
hablar
trabajar
estudiar
practicar (deportes)
tocar (la guitarra, etc.)

Actividad 6.5

A conocernos

Complete this activity with a partner.

Paso 1. Answer the following questions in the present indicative.

1. ¿Dónde vives? _____
2. ¿Qué lenguas hablas? _____
3. ¿A qué hora comes? _____
4. ¿Cuándo descansas? _____
5. ¿Qué libros lees? _____
6. ¿Qué películas miras? _____
7. ¿Qué haces el fin de semana que viene? _____

Paso 2. Compare your answers to those of your partner and write down two similarities and two differences. Share your findings with the class.

Ejemplo: Nosotros **estudiamos** en la universidad y vivimos en Chicago. Ella **estudia** medicina y yo **estudio** lenguas. Yo **vivo** en una residencia universitaria y ella **vive** con sus padres.

B. PRESENTE DE INDICATIVO: VERBOS IRREGULARES

Irregular verbs are those whose conjugation does not follow a predictable pattern. There are several types of verbs that have irregular forms in the present tense.

Stem-changing verbs: **e → ie**: empezar, entender, mentir, pensar, perder, preferir, sentir, etc.

Ejemplos:
- querer: qu**ie**ro, qu**ie**res, qu**ie**re, queremos, queréis, qu**ie**ren
  Qu**ie**ro comprar zapatos nuevos.

- cerrar: c**ie**rro, c**ie**rras, c**ie**rra, cerramos, cerráis, c**ie**rran
  Ellos c**ie**rran la ventana.

Stem-changing verbs: **e → i**: conseguir, pedir, repetir, servir, etc.

Ejemplos:
- sonreír: sonrío, sonríes, sonríe, sonreímos, sonreís, sonríen
  La niña me sonríe.

- freír: frío, fríes, fríe, freímos, freís, fríen
  Yo frío verduras en la sartén.

Stem-changing verbs: **o → ue**: costar, dormir, encontrar, mover, morir, probar, soñar, volar, etc.

Ejemplos:
- poder: p**ue**do, p**ue**des, p**ue**de, podemos, podéis, p**ue**den
  Yo p**ue**do viajar en agosto.

- contar: c**ue**nto, c**ue**ntas, c**ue**nta, contamos, contáis, c**ue**ntan
  Mi abuela me c**ue**nta historias interesantes.

Stem-changing verbs: **u → ue**

Ejemplo:
- jugar: j**ue**go, j**ue**gas, j**ue**ga, jugamos, jugáis, j**ue**gan
  El niño j**ue**ga con su perro.

Verbs with irregular **yo** forms: hacer, parecer, poner, saber, salir, venir, etc.

Ejemplos:
- dar: **doy**, das, da, damos, dais, dan
  Yo te **doy** regalos para tu cumpleaños.

- conocer: **conozco**, conoces, conoce, conocemos, conocéis, conocen
  Yo no **conozco** a esta mujer.

Verbs that have both a stem change and an irregular **yo** form.

Ejemplos:
- tener: **tengo**, ti**e**nes, ti**e**ne, tenemos, tenéis, ti**e**nen
  Yo **tengo** muchos amigos.

- elegir: el**ij**o, el**i**ges, el**i**ge, elegimos, elegís, el**i**gen
  Yo el**ij**o la ropa para la fiesta.

Verbs that don't follow any pattern.

Ejemplo:
- ser: **soy, eres, es, somos, sois, son**
  Nosotras **somos** arquitectas.

- ir: **voy, vas, va, vamos, vais, van**.
  Ellos van al cine.

Voseo does not generally require a stem change in irregular verbs.

Ejemplos:
- poder: Vos **podés** viajar conmigo.
- querer: ¿**Querés** venir conmigo?

Among the few verbs requiring irregular forms are **ir** and **ser**.

- vos **vas** = tú **vas** (conjugated in the same form for vos, therefore considered irregular)
- tú **eres** *versus* vos **sos** (irregular form of the verb **ser** that corresponds to **vos**)

PRÁCTICA

Actividad 6.6

Complete the following sentences with the correct forms of the verbs in the present indicative.

1. La película (empezar)_____ en 10 minutos.
2. Mi hermano siempre (perder) _____ su cartera.
3. Facundo, ¿dónde (conseguir) _____ esas frutas tan frescas?
4. Yo (pensar)_____ que podemos ser amigos.
5. Julio, ¿vos cómo (freír) _____ esta carne?
6. Estoy seguro de que mi hijo nunca (mentir) _____.
7. Lucía, ¿qué hago? ¿Le (pedir) _____ ayuda a mi abuelo?
8. ¿Qué tipo de comida se (servir) _____ en este restaurante?
9. Mi papá (regar) _____ las plantas una vez por semana.
10. Mi profesore (querer) _____ que estudiemos más.

Actividad 6.7

Complete the following sentences with the correct forms of the verbs in the present indicative.

1. Marco, ¿a qué hora (volver) _____?
2. Mi hermanita (soñar) _____ con ser cirujana.
3. Mi hermane siempre (probar) _____ la comida mientras cocina.
4. Es muy triste cuando (morir) _____ las mascotas.
5. Esta computadora (costar) _____ $2.000.
6. Yo (recordar) _____ muy poco de mi infancia.
7. ¿A qué deportes (jugar) _____ vosotras?
8. ¿Qué hago? ¿Me (probar) _____ este vestido?
9. Normalmente, vos te (dormir)_____ muy tarde. (Argentina)
10. Rubén, no (encontrar)_____ tus gafas, lo siento.

Actividad 6.8

Complete the following sentences with the correct forms of the verbs in the present indicative. When the subject pronoun is not written in the sentence, it is indicated in parentheses in front of the verb before a slash.

1. Chicos, ¿a qué hora (vosotros/ir) _____ a la escuela?
2. Perdón, ¿tú (ser) _____ la hija de Susana?

3. Silvia, ¿te (dar) _____ mi número te teléfono para que me llames mañana?
4. Yo (conocer) _____ esta ciudad muy bien.
5. Cada persona (elegir) _____ su vestido para la boda.
6. Lo siento, no (tener) _____ tiempo para acompañarte al evento.
7. ¿Qué (hacer) _____? ¿Ayudo a tu amiga?

Actividad 6.9

Complete the following sentences with the correct forms of the verbs in the present indicative.

1. Estoy muy ocupado; (hacer) _____ tarea todos los días.
2. Mi profesora de español (decir) _____ que lo hablo muy bien.
3. ¿Cuándo (venir) _____ tus abuelos?
4. Valentina nunca (almorzar)_____ sola.
5. ¿Qué (pensar)_____ ustedes sobre esta pintura?
6. Mi novio y yo (ir) _____ al cine el domingo que viene.
7. ¿Vos (tener)_____ tiempo para hablar? (Uruguay)
8. Elle (jugar)_____ al ajedrez con su abuelo.
9. Mi hermano (saber) _____ que no me gustan los gatos.
10. Mamá, ¿me (pedir) _____ una ensalada, por favor?

Actividad 6.10

Answer the following questions with the correct forms of the verbs in the present indicative.

1. ¿Cuántas horas duermes? _____
2. ¿Conoces a Becky G? _____
3. ¿Cómo te sientes hoy? _____
4. ¿A qué hora almuerzas? _____
5. ¿Puedes comprender un texto en italiano? _____
6. ¿Quién es tu actor favorito? _____
7. ¿Vas al cine el viernes que viene? _____

Actividad 6.11

Planes

Look at the following schedule and use the following verbs to explain what you are planning to do every day of the upcoming week: *asistir, dar, jugar, hacer, ir, salir,* and *tener.*

Ejemplo: El jueves que viene *salgo* con mis amigas de cena.

lunes: cita médica _____

martes: una charla _____

miércoles: una presentación _____

jueves: de cena con amigas _____

viernes: fútbol _____

sábado: concierto de rock _____

domingo: playa _____

Actividad 6.12

En el restaurante

You and your family are visiting Madrid. Browse the menu of this restaurant and write down what each member of your family orders based on his/her/their normal preferences. Feel free to find out the type of ingredients in each dish.

Ejemplo: Mi padre siempre **pide** pollo a la brasa.

Actividad 6. 13

Actividades diarias

Complete this activity with a partner.

Paso 1. Conversación

Estudiante A: Talk to your partner, and find out his/her/their daily activities on both weekdays and weekends.

Estudiante B: Listen to Estudiante A and answer his/her/their questions. Ask some questions in return to get to know him/her/them.

Paso 2. Conclusiones

Now that you have gotten to know each other better, consider the following questions and share your reflections with the class.

· What do you have in common?
· What is the most interesting thing you learned about your partner?
· What could you do together?

Actividad 6.14

Música

Think of your favorite music genre. Do research online to learn about a singer or a band that produces similar music in Spanish. Be adventurous; try to find someone who is not that well-known. Write about him/her/them in the present tense. Write approximately 10 sentences.

Actividad 6.15

Destino

You probably know who Walt Disney is and can probably recognize the artwork of Salvador Dalí, but did you know that Walt Disney Studios and Salvador Dalí collaborated in 1945 to create a short film called *Destino*?

Paso 1. Read this text and fill in the blanks with the correct forms of the verbs in the present tense (presente histórico).

Destino

Walt Disney y Salvador Dalí 1. (encontrarse) _____ por primera vez en la casa de Jack Warner y 2. (desarrollar) _____ admiración mutua. 3. (Mantenerse) _____ en contacto e 4. (intercambiar) _____ múltiples cartas; el matrimonio Disney incluso 5. (visitar) _____ la Casa Dalí en Cadaqués. En 1945, Walt Disney y Salvador Dalí 6. (concebir)_____ un cortometraje que se llama *Destino*. La música del cortometraje 7. (ser) _____ compuesta por el compositor mexicano Armando Domínguez y la canción 8. (ser)_____ interpretada por la cantante mexicana Dora Luz. Menos de un año después de iniciar el proyecto, la producción de *Destino* 9. (interrumpirse)_____ debido a varias razones, entre ellas problemas de presupuesto y el estallido de la Segunda Guerra Mundial. Muchas décadas después, Roy E. Disney, sobrino de Walt, 10. (decidir)_____ retomar el proyecto iniciado por Dalí y Disney. Siguiendo los bocetos de Dalí, un equipo de animadores 11. (completar) _____ la producción y el cortometraje 12. (estrenarse)_____ en 2003 en el Festival Internacional de Cine de Animación en Francia. Te animamos a encontrarlo y verlo.

Paso 2. Work with a partner to compare your answers and correct errors.

Paso 3. In a group, prepare a list of Disney movies. Look up their Spanish titles.

Paso 4. Let's play trivia! Using the present tense, each group will take a turn to describe a Disney movie. The class will try to guess the Spanish title of the movie. The group that is able to guess the most titles wins.

Ejemplo:
Esta película tiene una princesa que se duerme por culpa de una bruja. (*La bella durmiente*)

¿SABÍAS QUE...?
Antes de leer.
Answer the following questions. Share your opinions with the class.

1. Cuando piensas en los orígenes y en la población de Latinoamérica, ¿qué culturas crees que son importantes en su formación?
2. ¿Qué fiestas latinas conoces?
3. ¿Qué cosas te vienen a la mente cuando piensas en Perú?

A leer.

El mes de la cultura afroperuana

Daniel Owl / shutterstock

Pocos conocen la inmensa influencia africana que existe en la cultura peruana. Los primeros esclavos africanos llegan a tierra peruana cuando el Imperio Inca está desapareciendo debido a las enfermedades y el avance de los conquistadores españoles. A su llegada, sus habilidades como artesanos y agricultores son valoradas, pero mayoritariamente son empleados en trabajos forzados. Afortunadamente, abolen la esclavitud en 1854, y en 2009 el gobierno peruano pide una disculpa formal por la discriminación y el maltrato que sufrió la población de descendencia africana.

En la actualidad, los afrodescendientes de Perú son casi el 10% de la población y contribuyen a la cultura nacional de manera significativa. Por ello, cada año a lo largo del mes de junio, el gobierno peruano promueve el Mes de la Cultura afroperuana con un número de eventos culturales y conferencias destinados a "hacer visibles" a nivel nacional e internacional todas las contribuciones de este grupo. Lo celebran en junio porque en ese mes nace Nicomedes Santa Cruz, pionero de la poesía, el periodismo y la música afroperuana moderna. Hablar de él es hablar de la recuperación, reconstrucción y preservación de todas las tradiciones musicales afroperuanas.

Uno de los eventos culturales organizados se centra en la llamada "música landó", un género musical que desarrolla la población esclava afroperuana. El landó combina elementos de música africana y española, utilizando instrumentos como el tambor peruano. En particular, hay que mencionar el cajón, que se cree que desciende de otros instrumentos de percusión originarios de África, y que hoy en día es uno de los instrumentos musicales más representativos del Perú. Dos danzas de origen africano, el festejo y el zapateo, también están ampliamente representadas durante la fiesta. Los locales bailan el festejo con ropa muy colorida. El baile es energético, vibrante y sensual al enfatizar los movimientos de torso y pelvis. Por su lado, el zapateo destaca por sus complejos movimientos de pies.

La comida afroperuana también es parte de esta festividad. Durante las fiestas, se sirven los dos platos más famosos, la sopa seca y la carapulcra. Este último plato es un guiso que se prepara con papas secas, carne de puerco, vino, un poco de chocolate, cebolla y ajos. La sopa seca recibe su nombre porque la pasta del plato absorbe la mayor parte del líquido. Este platillo exquisito se prepara con pollo, salsa de tomate, pasta y pimienta.

En definitiva, el mes de junio es una de las temporadas más populares para visitar Perú, ya que durante estos festejos se puede apreciar la diversa cultura afroperuana que forma una parte importante de la identidad multicultural del país.

Después de leer.

1. ¿Qué culturas estaban presentes en Perú a la llegada de los primeros esclavos africanos?
2. ¿Cómo se recibe a los primeros africanos a su llegada al Perú?
3. ¿Ha tomado responsabilidad el gobierno peruano por los años de esclavitud de la población africana? Explica tu respuesta.
4. ¿Por qué se celebra el Mes de la Cultura afroperuana en junio?
5. ¿Qué características destacan en la música afroperuana?
6. ¿Cómo son los bailes de influencia africana que vemos en el Perú?
7. ¿Por qué está seco el plato de sopa seca?
8. ¿Qué opinas de que el Perú haya creado el Mes de la Cultura afroperuana? Comparte tus opiniones con tus compañeros/as/es.

A ESCRIBIR

Paso 1. La composición
Antes de escribir.

Fill out the following table with information about the activities that your family does on weekdays and weekends. Share this information with a classmate. Take notes; you will need them for the next activity.

	Weekdays	Weekends
Mi padre/madre/adre	Ej: *Trabaja en el hospital, visita pacientes....*	Ej: *Mira fútbol americano en la tele, va al gimnasio....*
Mi hermano/a/e		
Mi abuelo/a/e		
Mi mejor amigo/a/e		

A escribir.

Now read the prompt below and write a composition. In your composition, include some of these connectors for cohesion.

pero	but
por otro lado	on the other hand
también	also
además	moreover
sin embargo	however
en comparación	in comparison

Nuestras familias. With the information you gathered from the conversation with your classmate, write a composition about his/her/their family, explaining what each member does during the week and on weekends. Compare your classmate's family to your own, identifying similarities and differences. Use the present tense. Write about 10 sentences.

Después de escribir.

Proofread your composition:

- Did you use the right conjugations for the present tense?
- Did you check your spelling?
- Did you include at least three connectors from the list?

Paso 2. Trabajo en pareja

Work with a partner to review each other's composition and give each other feedback.

1. Share your composition with your partner. As you read your partner's work, focus on the following:

- Have the ideas been developed fully? If not, provide suggestions to make it more comprehensive.
- Are appropriate connectors used to link ideas? If not, offer some examples to enhance cohesion.
- Are verbs conjugated correctly in the present tense? If not, underline those with errors.

Once you have completed these steps, return the composition to your partner.

2. Look closely at your composition, noting the marked errors and reflecting on your partner's suggestions. Ask your instructor if you have any questions. Then rewrite it, taking into account your partner`s feedback and correcting all grammatical errors. Hand in the final draft to your instructor.

¡Has aprendido mucho! ¡Enhorabuena!

CHAPTER 6 ANSWER KEY

Actividad 6.1
1. pasamos
2. escucha
3. trabajan
4. prestas
5. llega
6. estudiás
7. comen
8. regresa
9. escucháis
10. viven

Actividad 6.2
1. Acaban....
2. Deseo....
3. Me llama....
4. Comparto....
5. No me permiten....
6. Califica....
7. Cocinan....
8. (No) comprendo....
9. (No) voto....
10. Cumplo....

Actividad 6.3
1. preparo __a__
2. acepto __e__
3. mando __c__
4. escribo __b__
5. llego __d__

Actividad 6.5
Paso 1

1. Vivo en....
2. Hablo....

3. Como....
4. Descanso....
5. Leo....
6. Miro....
7. Answers will vary.

Actividad 6.6

1. empieza
2. pierde
3. consigues
4. pienso
5. fríes
6. miente
7. pido
8. sirve
9. riega
10. quiere

Actividad 6.7

1. vuelves
2. sueña
3. prueba
4. mueren
5. cuesta
6. recuerdo
7. jugáis
8. pruebo
9. te dormís
10. encuentro

Actividad 6.8

1. vais
2. eres
3. doy
4. conozco
5. elije
6. tengo
7. hago

Actividad 6.9

1. hago
2. dice
3. vienen
4. almuerza
5. piensan
6. vamos
7. tenés
8. juega
9. sabe
10. pides/pedís

Actividad 6.10

1. Duermo....
2. (No) conozco....
3. Me siento....
4. Almuerzo....
5. (No) puedo....
6. Es....
7. (No) voy....

Actividad 6.15

Paso 1

1. se encuentran
2. desarrollan
3. Se mantienen
4. intercambian
5. visita
6. conciben
7. es
8. es
9. se interrumpe
10. decide
11. completa
12. se estrena

¿Sabías que...?

Después de leer.

1. El Imperio Inca y los colonizadores españoles.
2. Su influencia es reconocida, pero principalmente se los usa como mano de obra en campos de trabajo forzados.
3. Sí. En 2009 el gobierno peruano le pide una disculpa formal a la población afroperuana.
4. Se celebra en junio porque en junio nace Nicomedes Santa Cruz, pionero de la poesía, el periodismo y la música afroperuana moderna.
5. Combina elementos de música africana y española, utilizando instrumentos como el tambor peruano.
6. Se baila con ropa muy colorida; el baile es energético, vibrante y sensual al enfatizar los movimientos de torso y pelvis. El zapateo destaca por sus complejos movimientos de pies.
7. Está seco porque la pasta absorbe la mayor parte del líquido.
8. Answers will vary.

CAPÍTULO 7

SER Y ESTAR, HABER Y ESTAR

→ ser y estar
→ haber y estar

A. SER Y ESTAR

La playa **es** bonita.	Los niños **están** en la playa.	El agua **es** azul.

In Spanish, the verbs **ser** and **estar** both mean **to be**. In present tense, these verbs have the following forms.[1]

	SER	ESTAR
yo	soy	estoy
tú/vos	eres/ sos	estás
él/ella/elle/usted	es	está

---

1. In addition to the masculine and feminine genders traditionally used in Spanish, this book includes one of the most commonly used non-binary pronouns, *elle*, and the grammar forms related to it. Please see Appendix 1 to learn more. It also describes the various uses of the second-person singular pronoun *vos* and the verb forms associated with it. Please see Appendix 2 to learn more.

	SER	ESTAR
nosotros/es	somos	estamos
vosotros/es	sois	estáis
ellos/elles/ustedes	son	están

Ser and **estar** are used in different situations.

SER	ESTAR
-Inherent qualities that are unlikely to change: Juan **es** inteligente. El coche **es** grande.	-Characteristics that can change: Laura **está** muy delgada. La vaca **está** muy gorda.
-Place or moment of event: El concierto **es** mañana.	-Position: **Estoy** sentado.
-Identity: Tú **eres** María. Vos **sos** María.	-Condition: **Estoy** enfermo.
-Definition: Lima **es** la capital de Perú.	-Emotion: **Estoy** feliz.
-Profession: Mis padres **son** ingenieros.	-Geographic or physical location: Juan **está** en casa. ¿Dónde **está** Cuba?
-Nationality: Luis **es** mexicano.	-Idiomatic expressions: Estos pantalones **están de moda**.
-Relationship: Esos niños **son** mis hijos.	-Progressive tenses: Nosotros **estamos** comiendo.
-Possession: Esta **es** la casa de Marco.	
-Ideology or belief: **Somos** cristianos. Ella **es** comunista.	
-Time and date: **Son** las 5 de la tarde. Hoy **es** lunes.	
-Quantity: En mi familia, **somos** cinco personas.	
-Material: Esta puerta **es** de madera.	

Sometimes, the same adjective can be used with either **ser** or **estar**, but the meaning of the sentence will change.

Ejemplos:
- Esta niña **es** bonita. = This girl is pretty.
- Esta niña **está** bonita en la foto. = This girl looks pretty in the picture.
- **Soy** una persona alegre. = I am a happy person. (in general)
- **Estoy** alegre. = I feel happy. (right now)

In questions, **ser** is usually placed before the subject.

Ejemplos:
- ¿De dónde **es** <u>tu amiga</u>?
- **¿Son** <u>ellas</u> tus hermanas?

PRÁCTICA

Actividad 7.1

Read the following sentences and circle the correct forms of the verbs in parentheses.

1. Tu primo (es/está) un niño muy curioso.
2. El edificio donde vivimos (es/está) blanco.
3. La fiesta (es/está) en la casa de mis tíos.
4. ¿Dónde (son/están) tus padres?
5. Marco y Lila (son/están) argentinos.
6. Morelos (es/está) una ciudad en México.
7. Los niños (son/están) muy cansados.
8. Estos pantalones (son/están) de cuero.
9. Mis amigos (son/están) en la biblioteca.
10. La clase (es/está) a las 9 de la mañana.

Actividad 7.2

Read the following sentences and circle the correct forms of the verbs in parentheses.

1. La luz (es/está) encendida.
2. Vos (sos/estás) muy puntual y disciplinado.
3. Mi hermano (es/está) alto y tiene ojos azules.
4. ¿Dónde (es/está) Atacama?
5. Cynthia, ¿no te gusta la película? ¿(Eres/Estás) aburrida?
6. Elle (es/está) resfriade.
7. Esta mochila (es/está) de Pablo.
8. La puerta de mi casa (es/está) de madera.
9. Mis compañeras (son/están) judías.
10. Laura (es/está) muy preocupada porque tiene un examen difícil.

Actividad 7.3

Answer the following questions with the correct forms of the verbs **ser** or **estar**.

1. ¿De dónde eres? _____
2. ¿Dónde estás ahora mismo? _____
3. ¿Estás cansado/a/e? _____
4. ¿Eres hispano/a/e? _____
5. ¿Dónde está tu familia? _____
6. ¿Quiénes son tus mejores amigos? _____
7. ¿Qué día es hoy? _____
8. ¿Qué hora es? _____
9. ¿Cuándo es tu cumpleaños? _____
10. ¿A qué hora es tu última clase? _____

Actividad 7.4

Complete the following sentences with the correct forms of the verbs **ser** or **estar**.

1. Todos los estudiantes _____ listos para la clase.
2. Nuestra boda _____ en junio del año que viene.
3. El museo _____ en el centro de la ciudad.
4. Tus libros _____ sobre tu escritorio.
5. La casa de mis padres no _____ muy grande.
6. Julio _____ en su oficina de lunes a viernes.
7. Vos no _____ la prima de Pedro.
8. Las ventanas de tu habitación _____ cerradas.
9. Las ballenas y los delfines _____ animales mamíferos.
10. En este momento, _____ escribiendo una carta.

Actividad 7.5

Compañeros de clase

Paso 1. Talk to three people in your class to complete the following activity. Ask questions with the correct forms of the verbs **ser** and **estar** to fill out this table.

Ejemplo: ¿De dónde **eres**?

	Ejemplo	**Persona 1**	**Persona 2**	**Persona 3**
Identidad	*Ella es María.*			
Relación	*Ella es mi amiga.*			
Nacionalidad/ Origen	*Ella es estadounidense.*			
Ideología/Religión	*Ella es católica.*			
Futura profesión	*Ella quiere ser ingeniera.*			
Estado de ánimo	*Ella está contenta.*			

Paso 2. Write a brief summary about the people you spoke with. Mention what they have in common and what they don't. Write about five sentences with the correct forms of the verbs **ser** and **estar** and connectors such as *además, sin embargo,* and *aunque.*

B. HABER Y ESTAR

In Spanish, the verb **haber** indicates existence. It is only used in the singular form.

Ejemplos:
· **Hay** una silla en el comedor.
· **Hay** dos sillas en el comedor.
· **Hay** muchas sillas en el comedor.
· No **hay** ninguna silla en el comedor.
· ¿Cuántas sillas **hay**?
· ¿**Hay** museos en esta ciudad?

To avoid confusion between the verbs **estar** and **haber**, remember that **haber** is used to indicate existence, whereas **estar** indicates location.
Compare:

· ¿Dónde **hay** un banco? —**Hay** un banco en la esquina. (= existence)
· ¿Dónde **está** el banco? —El banco **está** en la esquina. (= location)
· En esta ciudad **hay** muchos monumentos. (= existence)
· Los monumentos **están** en las calles principales de la ciudad. (= location)

PRÁCTICA

Actividad 7.6

Read the following sentences and circle the correct verb.

1. Hijo, tu desayuno (hay/está) sobre la mesa.
2. Señor Pérez, (hay/está) un paquete para usted en su oficina.
3. Es un restaurante vegetariano; por eso no (hay/está) carne.
4. La casa de mi amigo (hay/está) sobre la playa.
5. Chicos, ¿(hay/están) preguntas sobre la tarea?
6. En mi casa (hay/están) dos dormitorios grandes.
7. ¿(Hay/Está) un centro comercial cerca de tu casa?
8. La cafetería (hay/está) en el segundo piso.
9. ¿(Hay/Está) alguien en tu clase que hable japonés?
10. Esa parada de autobús (hay/está) muy cerca de la universidad.

Actividad 7.7

Complete the following sentences with the correct forms of the verbs **haber** or **estar**.

1. Mis padres _____ en la casa de mis abuelos.
2. La nueva sala de conciertos _____ en la calle Mayor.
3. _____ 20 personas en este grupo.
4. En mi jardín _____ muchas plantas.
5. La farmacia _____ cruzando la calle.
6. ¿Dónde _____ una floristería?
7. En mi casa no _____ una piscina.
8. ¿Dónde _____ mi mochila?
9. ¿_____ un restaurante mexicano en este barrio?
10. No _____ nada de comer en el refrigerador.

Actividad 7.8

Mi cuarto

Think of your room and write down the following:

- Five things that are there that you love.
- Three things that aren't there but that you would like it to have.

Ejemplo: En mi habitación, **hay** una cama grande que me encanta, pero **no hay** ventanas.

Actividad 7.9

En la reunión

Look at the picture, and write about the people and the objects you see in the meeting.

Use the verbs **ser** and **estar** and include some of these phrases:

en frente de
detrás de
encima de
sobre
debajo de
al lado de
entre
a la izquierda de
a la derecha de

Ejemplos:
   Hay cinco personas en esta reunión; todos **están** sentados.
   Hay una computadora; **es** de color gris.

Actividad 7.10

Mi país

Paso 1. Ask your partner questions to find out about tourist attractions in the place he/she/they was/were born. Write them down with the verb **haber**.

Ejemplo: En España, mi país, **hay** muchas ruinas romanas.

1.
2.
3.
4.
5.

Paso 2. Ask your partner where these tourist attractions are located. Write this information down with the verb **estar**.

Ejemplo: Las ruinas romanas están en el centro histórico de ciudades como Córdoba, Sevilla y Segovia.

1.
2.
3.
4.
5.

Paso 3. Share your findings with the class.

Actividad 7.11

A discutir. Complete this activity with a partner. Read the following statements and decide if they are true or false. Whenever they are false, give an alternative response that is accurate or makes sense.

Ejemplo: Costa Rica está en Sudamérica: falso. Costa Rica está en Centroamérica.

1. La ciudad de Montevideo es la capital de Perú.
2. Las personas que no comen carne son vegetarianas.
3. En cada cultura, hay muchos estereotipos.
4. En todos los países hispanos, el deporte nacional es el fútbol.
5. Hay mucho tráfico en cada ciudad grande.
6. La mayoría de los habitantes de México son católicos.
7. Cuando hay nieve, típicamente hace mucho frío.
8. No hay mamíferos en el mar. Sólo peces.
9. Los hijos de deportistas son atléticos también.
10. Hay muchos pingüinos en el Polo Norte.

¿SABÍAS QUE...?
Antes de leer.

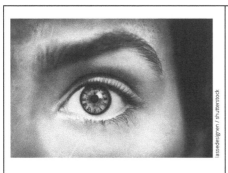

Answer the following questions.
Share your opinions with the class.
1. ¿Eres buen observador? Justifica tu respuesta.
2. ¿Prestas atención a todas las personas que te rodean en tu día normal? ¿Crees que es importante? Justifica tu respuesta.

A leer.

Jay Lynn Gómez, o cómo ver lo que nadie ve

Pocos artistas jóvenes avanzan tanto en su carrera como lo está haciendo en menos de una década Jay Lynn Gómez. En la actualidad, sus pinturas son parte de la colección del Museo de Arte del Condado de Los Ángeles, y están presentes en la Galería Nacional de Retratos en Washington, DC y en la prestigiosa exposición de la Bienal de Whitney. Desde 2011, su trabajo ha sido una parte importante de exposiciones colectivas en los Estados Unidos, México y Ecuador. No hay duda de que Gómez pertenece a una nueva ola de artistas que, por su increíble talento, han llegado para quedarse.

Pese a su juventud, Jay Lynn Gómez está presente en centros de arte nacionales por un trabajo artístico que está dando voz a hombres y mujeres de minorías que trabajan para personas adineradas en Los Ángeles y Las Vegas. Conoce bien ese mundo, ya que sus padres son inmigrantes mexicanos. Su madre, María Elena, es conserje escolar y su padre, Ramiro, es conductor de un camión para Costco. Jay Lynn siente una inmensa gratitud hacia muchas de las personas que se han cruzado en su camino. Una de esas personas es un maestro de arte de la escuela secundaria quien le recomendó que tomara clases avanzadas cuando, por una enfermedad, no pudo dedicarse a su otra gran pasión: el fútbol.

A la muerte de su abuela, quien tuvo una gran influencia sobre su vida, Gómez abandonó sus estudios en CalArts y se dedicó a cuidar niños. Este trabajo es también una parte fundamental de su proceso de reflexión y observación. Según Gómez, esa experiencia le introdujo a un mundo del que Los Ángeles no habla. Y es que la obra visual de Gómez es un comentario sobre justicia social, inmigración, raza y trabajo. Su obra está motivada por la lectura de revistas de lujo con imágenes de tranquilidad y ocio, donde no se reconoce la fuerza laboral que los sustenta. En sus trabajos, hay niñeras, jardineros y otros empleados que son borrados y deshumanizados.

La primera exposición de Gómez en solitario, *Domestic Scenes*, está inspirada en las pinturas de David Hockney sobre Los Ángeles, pero incluye figuras de empleados domésticos. A esta exhibición siguieron otras de temática similar, como *Here for a Moment.* Su último proyecto es, sin embargo, mucho más personal. Gómez ahora se interesa más en el individuo, en las luchas de las personas y en los soñadores. Sus trabajos se enfocan también en su propia lucha con la identidad, en la deportación de inmigrantes indocumentados, como la de su tío, y en otros temas que forman parte de su vida cotidiana en los Estados Unidos. Sin duda Jay Lynn Gómez tiene la capacidad de observar e internalizar aquello que para muchos pasa desapercibido, y su trabajo invita al espectador a tomar conciencia y a reflexionar sobre estos importantes problemas.

Después de leer.

1. ¿Está teniendo Jay Lynn Gómez éxito en su carrera como artista? Menciona algunos ejemplos.
2. ¿Qué temas aborda en su obra? Menciona algunos ejemplos.
3. ¿Qué consecuencias tuvo el abandono de los estudios para Gómez? Justifica tu respuesta.
4. ¿Conoce Gómez las profesiones que describe? Justifica tu respuesta.
5. ¿Es diferente su último proyecto de las primeras pinturas que creó? Justifica tu respuesta.
6. ¿Qué puede aprender el espectador de la obra de Gómez?

A ESCRIBIR
Paso 1. La composición
Antes de escribir.
Complete the following sentences about your favorite artist.

Mi artista favorito es _____, y sus obras de arte son _____ y están en _____. En sus trabajos, hay _____ porque los temas que le interesan son _____.

A escribir.
Now read the prompt below and write a composition. In your composition, include some of these connectors for cohesion.

pero	but
especialmente	especially
por otro lado	on the other hand
también	also
además	moreover
sin embargo	however
finalmente	finally

Mi obra de arte favorita. Describe a painting by one of your favorite artists. What does it depict? What do the objects or people in it look like? Where are they located in relation to each other? What themes does it explore? Where is the painting located? Write about seven sentences.

Después de escribir.

Proofread your composition:

- Did you use ser/estar/haber correctly?
- Did you check your spelling?
- Did you include at least three connectors from the list?

Paso 2. Trabajo en pareja

Work with a partner to review each other's composition and give each other feedback.

1. Share your composition with your partner. As you read your partner's work, focus on the following:

- Have the ideas been developed fully? If not, provide suggestions to make it more comprehensive.
- Are appropriate connectors used to link ideas? If not, offer some examples to enhance cohesion.
- Are the verbs **ser**, **estar** and **haber** used and conjugated correctly? If not, underline the errors.

Once you have completed these steps, return the composition to your partner.

2. Look closely at your composition, noting the marked errors and reflecting on your partner's suggestions. Ask your instructor if you have any questions. Then rewrite it, taking into account your partner's feedback and correcting all grammatical errors. Hand in the final draft to your instructor.

¡Has aprendido mucho! ¡Enhorabuena!

CHAPTER 7 ANSWER KEY

Actividad 7.1

1. es
2. es
3. es
4. están
5. son
6. es
7. están
8. son
9. están
10. es

Actividad 7.2

1. está
2. sos
3. es
4. está
5. Estás
6. está
7. es
8. es
9. son
10. está

Actividad 7.3

1. Soy de....
2. Estoy en....
3. (No) estoy....
4. (No) soy....
5. Está en....
6. Son....
7. Es....
8. Son las.... Es la una....
9. Es....
10. Es ....

Actividad 7.4

1. están
2. es
3. está
4. están
5. es
6. está
7. sos
8. están
9. son
10. estoy

Actividad 7.6

1. está
2. hay
3. hay
4. está
5. hay
6. hay
7. Hay
8. está
9. Hay
10. está

Actividad 7.7

1. están
2. está
3. hay
4. hay
5. está
6. hay
7. hay
8. está
9. Hay
10. hay

Actividad 7.11

1. Falso. Montevideo es la capital de Uruguay. La capital de Perú es Lima.
2. Cierto.
3. Cierto.
4. Falso. Por ejemplo, en la República Dominicana, el deporte nacional es el béisbol.
5. Cierto.
6. Cierto.
7. Cierto.
8. Falso. Hay mamíferos en el mar: ballenas, focas, manatíes, etc.
9. Answers will vary.
10. Falso. No hay pingüinos en el Polo Norte. Hay pingüinos en el Polo Sur.

¿Sabías que...?

Después de leer.

1. Sí. Sus obras son parte de la colección del Museo de Arte del Condado de Los Ángeles, y están presentes en la Galería Nacional de Retratos en Washington, DC y en la exposición de la Bienal de Whitney.
2. Justicia social, inmigración, identidad, raza y trabajo.
3. Fue parte fundamental de su proceso de reflexión y observación. Le introdujo a un mundo del que no se habla, de gente trabajadora.
4. Sí. Su madre fue conserje, su padre camionero y Gómez, en algún momento, se dedicó a cuidar niños.
5. Sí. Ahora se interesa más en el individuo, en la lucha de las personas, en los soñadores, así como en su propia lucha con la identidad.
6. Answers will vary.

CAPÍTULO 8

EL PRESENTE PROGRESIVO

Los niños **están jugando**.	Ella **está cantando**.	Nosotras **estamos ganando**.

In Spanish, the present progressive is formed with the present tense of the verb **estar** + **gerund (-ando, -iendo)**.[1]

The present progressive is typically used to indicate actions taking place at the moment of speaking.

Ejemplos:
- Yo **estoy hablando** con mi padre. (right now)
- Ella **está comiendo**. (right now)

---

1. In addition to the masculine and feminine genders traditionally used in Spanish, this book includes one of the most commonly used non-binary pronouns, *elle*, and the grammar forms related to it. Please see Appendix 1 to learn more. It also describes the various uses of the second-person singular pronoun *vos* and the verb forms associated with it. Please see Appendix 2 to learn more.

The present progressive can also indicate a temporary situation.

Ejemplos:
- Yo normalmente vivo sola, pero este mes **estoy viviendo** con mis padres.
- Nosotros trabajamos hasta las 6 de la tarde, pero esta semana **estamos trabajando** hasta las 8.

PRESENTE PROGRESIVO		
yo	estoy	
tú/vos	estás	
él/ella/elle/usted	está	trabaj**ando**
nosotros/es	estamos	com**iendo**
vosotros/es	estáis	viv**iendo**
ellos/elles/ustedes	están	

The gerund of verbs ending in **-ar** is formed by dropping the ending and adding **-ando.**

Ejemplos:
- habl<u>ar</u>: Ella está habl**ando** con su padre.
- cant<u>ar</u>: Nosotres estamos cant**ando** en español.

The gerund of verbs ending in **-er** and **-ir** is formed by dropping the ending and adding **-iendo.**

Ejemplos:
- beb<u>er</u>: Vos estás beb**iendo** leche.
- escrib<u>ir</u>: Los niños están escrib**iendo**.

Some verbs are irregular when used as a gerund.

Ejemplos:
- d<u>e</u>cir: Laura está d**i**ciendo la verdad.
- d<u>o</u>rmir: Mis hijos están d**u**rmiendo.
- le<u>e</u>r: Los estudiantes están le**y**endo.

In negative sentences, **no** is placed before the verb **estar**.

Ejemplos:
- Nosotras **no** <u>estamos estudiando</u>.
- Mi amiga **no** <u>está mirando</u> TV.

When the present progressive is used with direct (DO) and indirect (IO) object pronouns, the pronoun can be placed before **estar** or after the gerund.

Ejemplos:

- Estoy escribiendo una carta. → **La** <u>estoy escribiendo</u>. *or* <u>Estoy escribiéndo**la**</u>. (DO)
- Estamos comprando frutas. → **Las** <u>estamos comprando</u>. *or* <u>Estamos comprándo**las**</u>. (DO)
- La profesora **me** <u>está ayudando</u>. *or* La profesora <u>está ayudándo**me**</u>. (DO)
- Yo **te** <u>estoy dando</u> un regalo. *or* Yo <u>estoy dándo**te**</u> un regalo. (IO)

When the present progressive is used with reflexive verbs, the pronoun can be placed before the verb **estar** or after the gerund.

Ejemplos:

- bañarse: Juan **se** <u>está bañando</u>. *or* Juan <u>está bañándo**se**</u>.
- maquillarse: Yo **me** <u>estoy maquillando</u>. *or* Yo <u>estoy maquillándo**me**</u>.

PRÁCTICA

Actividad 8.1

Complete the following sentences with the correct forms of the verbs in the present progressive.

1. Las amigas de mi hermana (escuchar) _____ la radio.
2. Mi compañero de cuarto (tocar) _____ el violín.
3. Los estudiantes (estudiar) _____ en la biblioteca.
4. El perro de mis tíos (dormir) _____ en el sofá.
5. Nosotres (hacer) _____ tarea para la clase de química.
6. Mis amigas y yo (cenar) _____ en la cafetería.
7. Tu papá (leer) _____ un periódico.
8. Yo (lavar) _____ los platos.
9. Vos (buscar) _____ algo en internet.
10. Mis padres (comprar) _____ boletos de avión.

Actividad 8.2

Read the following questions and answers and fill in the correct forms of the verbs in the present progressive.

1. ¿Qué (hacer) _____ Rodrigo? —Está comiendo.
2. ¿Qué (escuchar) _____vos? —Canciones en español.
3. ¿Con quién (hablar) _____ los estudiantes? —Con el profesor.
4. ¿Qué (mirar) _____ tus hermanos? —Una película de acción.
5. ¿Para qué (leer) _____ ella ese libro? —Para aprender sobre los aztecas.
6. ¿Sobre quiénes (preguntar) _____ los policías? —Sobre las personas que robaron un banco.
7. ¿Por qué (estudiar) _____ ellos tan tarde? —Porque tienen un examen.

Actividad 8.3

¿Dónde están?

Read the following sentences and determine where each member of the family is. Write the corresponding letter in the spaces provided.

a. En el dormitorio.
b. En la cocina.
c. En la oficina.
d. En la piscina.
e. En el jardín.
f. En la sala.
g. En el garaje.

1. Mi padre está trabajando. __c__
2. Mi madre está regando las plantas. _____
3. Mi abuela está preparando la cena. _____
4. Mis hermanos están nadando. _____
5. Mi abuelo está mirando la tele. _____
6. Mi hermana menor está durmiendo. _____
7. Yo estoy reparando el coche. _____

Actividad 8.4

Los estudiantes

Paso 1. Look closely at this picture. What are the students doing? Write about each of them with the present progressive. Write as many sentences as you possibly can.

Paso 2. Compare your sentences to those of your partner. Who was able to write more?

Actividad 8.5

Excusas

Silvia's mom has been asking her all day long to clean her room. Every time her mom asks her to clean the room, Silvia refuses to do so, and keeps coming up with excuses. Read Silvia's excuses and determine if her mom will accept them or not.

Sí   No   Depende

1. Mi hermano y yo estamos mirando televisión.
2. Estoy hablando con mi padre sobre algo muy importante.
3. Mi tía me está enseñando a cocinar.
4. Estoy lavando los platos y secándolos.
5. Estoy plantando flores con mi abuelo.
6. Tengo dolor de cabeza y estoy descansando.
7. Estoy mandando mensajes telefónicos a mis amigos.
8. Estoy haciendo ejercicio para estar saludable.
9. Mis primos y yo estamos jugando al tenis.
10. Estoy haciendo tarea para la clase de química.

Actividad 8.6

Amigos

Imagine you texted your classmate, asking him/her/them if he/she/they would like to meet to study for an exam.

Paso 1. Read your classmate's response and put the verbs in parentheses in the correct forms of the present progressive.

Hola, amigo. ¿Qué tal? En este momento yo 1. _____ (estudiar) en la casa de mi primo. Nosotros 2. _____ (hacer) la tarea juntos y su madre nos 3. _____ (ayudar) porque es maestra de matemáticas. Ella nos 4. _____ (explicar) el tema y nos 5. _____ (dar) muchos ejemplos para que practiquemos. Mientras nosotros 6. _____ (trabajar), mi tío 7. _____ (terminar) de preparar la cena y mi prima nos 8. _____ (preparar) jugo de naranja. Ya es tarde y además 9. _____ (llover); creo que voy a pasar la noche aquí. ¿Y tú? ¿Qué 10. _____ (hacer)?

Paso 2. Now respond to your friend's question with the present progressive. Write approximately five sentences.

Actividad 8.7

Asistente

You work as an assistant to a CEO. She is asking questions about some of the tasks she asked you to complete before a meeting. You were not able to finish them, but you are working on them now. Respond to her using the present progressive and direct object pronouns.

Ejemplo: ¿Revisaste los contratos? —Los estoy revisando.

1. ¿Confirmaste la reunión de hoy?
2. ¿Reservaste la sala para la reunión?
3. ¿Invitaste al cliente a la reunión?
4. ¿Preparaste la agenda para la reunión?
5. ¿Corregiste los errores de la presentación?
6. ¿Incluiste las actualizaciones en la presentación?
7. ¿Buscaste los datos que te pedí?
8. ¿Imprimiste los documentos para la reunión?
9. ¿Programaste todas las reuniones del mes?
10. ¿Pediste papel para la impresora?

Actividad 8.8

Paso 1. Read these statements and determine which actions from the list below follow them.

1. María se bañó. _b_
2. Juan se despertó. __
3. El niño se cayó. __
4. Javier corrió 10 millas. __
5. Mi abuela cortó cebolla. __
6. Simón compró una cuchilla de afeitar. __
7. Mi padre se manchó cuando comía. __

    a) cepillarse los dientes
    b) secarse el cabello
    c) afeitarse
    d) lavarse las manos
    e) levantarse del piso
    f) quitarse la camisa sucia
    g) ducharse

Paso 2. Now rewrite these sentences to explain what all these people are doing right now. Use the present progressive with the reflexive verbs.

Ejemplo: 1. María se bañó y **se está secando** el cabello. / **Está secándose** el cabello.

Actividad 8.9

Familia y amigos

Paso 1. Complete this activity with a partner.
Ask each other questions to find out what you think your friends and family are doing right now. Use the present progressive. Take notes; you will need them for the next activity.

Ejemplo: ¿Qué crees que **está haciendo** tu madre ahora mismo? —Creo que **está trabajando** en su oficina.

Paso 2. Write six sentences about your partner's friends and family with the present progressive.

¿SABÍAS QUE...?

Antes de leer.

Answer the following questions. Share your opinions with the class.

1. ¿Crees que las personas LGBTQI+ están siendo discriminadas en la sociedad actual? Justifica tu respuesta.
2. ¿Qué formas de discriminación crees que está sufriendo este grupo? ¿Puedes dar algún ejemplo?
3. ¿Qué tipo de discriminación indirecta crees que puede sufrir este grupo?

A leer.

Les inmigrantes LGBTQI+ que están buscando trabajo sufren mayor discriminación

Vitória Santos / pexels

Pocos se detienen a pensar en que en el mundo actual las personas que se están presentando a entrevistas de trabajo pueden ser descartadas inmediatamente sin tener en cuenta sus habilidades o experiencia laboral. Eso, sin embargo, es lo que les está ocurriendo a les inmigrantes LGBTQI+ en muchos países, quienes están sufriendo una doble discriminación: por su condición de inmigrantes y también por su orientación sexual y de género. Esta es la conclusión que la organización CEAR (Comisión Española de Ayuda al Refugiado) presenta en un estudio reciente titulado *Lucha contra la discriminación en el ámbito laboral por razones de orientación sexual e identidad de género.* Este informe se ha realizado en España para el desarrollo de actuaciones de interés general en materia de extranjería destinadas a favorecer la convivencia y la cohesión social, y lo ha cofinanciado el Fondo Social Europeo (FSE).

Los autores del estudio observaron que, en el ámbito laboral español, la realidad de las personas LGBTQI+ provenientes de otros países es algo prácticamente no analizado. Hay datos sobre la correlación del empleo o bien de inmigrantes, por una parte, o de personas LGBTQI+, por otra, pero apenas existen estudios que pongan en correlación ambos. En su estudio, CEAR descubrió que 7 de cada 10 inmigrantes entrevistades dicen haberse sentido ya en situación de desventaja o discriminación en el proceso de selección. Y el 100% considera que ser LGBTQI+ es una desventaja. Por otra parte, les inmigrantes más discriminades siguen siendo les mismes: las personas trans femeninas.

Según CEAR, no se puede negar los avances a nivel legal y social que están viviendo países como España o Argentina. En muchos, se están promoviendo importantes leyes de antidiscriminación y de protección a algunos de estos colectivos, pero queda mucho por avanzar. Por otro lado, señalan que en muchos lugares, las leyes van más adelantadas que la sociedad. El estudio señala que falta aún mucho trabajo de sensibilización y toma de conciencia de la población, ya que a veces la pose de lo políticamente correcto está haciendo aún mucho daño. Por ello es importante leer la sección final del informe de CEAR, donde se están ofreciendo propuestas para cambiar la situación e ideas que abarcan desde el ámbito legal hasta el empresarial. Ideas como el cambio registral de nombre, una de las principales barreras para las personas trans que no lo han podido hacer en su país de origen. O la necesaria revisión de la ley de extranjería, que deja sin cobertura a muchas personas a la hora de poder acceder al trabajo y, por lo tanto, de regularizar su situación en el país. Sin duda, la toma de algunas de estas medidas propuestas ayudaría a la población.

Después de leer.

1. Según el artículo, ¿por qué están sufriendo les inmigrantes LGBTQI+ doble discriminación?
2. ¿Se ha estudiado esa doble discriminación con anterioridad?
3. ¿Por qué dice el texto que sufren de discriminación ya antes de entrar a trabajar?
4. ¿Es esa discriminación mostrada abiertamente?
5. ¿Se están haciendo avances a nivel legal en países como España o Argentina?

6. En tu opinión, ¿por qué dice el texto que las leyes van más avanzadas que la sociedad?

7. En tu opinión, ¿por qué es importante que se estén publicando estudios como este?

A ESCRIBIR

Paso 1. La composición

Antes de escribir.

Think about some of the issues the following groups are facing. Use the present progressive to fill in the chart below.

Colectivo	Problema
Estudiantes universitarios	*Ej: Están pagando altas tasas de matriculación.*
Inmigrantes	
Personas tránsgenero	
Mujeres trabajadoras	
Personas de color	
Refugiados	
Colectivo no-binario	

A escribir.

Now read the prompt below and write a composition. In your composition, include some of these connectors for cohesion.

primero	first
después	after/later/then
por otro lado	on the other hand
también	also
además	moreover
sin embargo	however
no obstante	nonetheless

Luchando por una causa. Based on the previous activity, pick the groups you identify with and elaborate on the difficulties they face. Describe some of the ways they attempt to overcome these issues and mention what you and your peers are doing, or what you want to do, to help. Use the present progressive when appropriate. Write about eight sentences.

Después de escribir.

Proofread your composition:

- Did you conjugate verbs correctly in the present progressive?
- Did you check your spelling?
- Did you include at least three connectors from the list?

Paso 2. Trabajo en pareja

Work with a partner to review each other's composition and give each other feedback.

1. Share your composition with your partner. As you read your partner's work, focus on the following:

- Have the ideas been developed fully? If not, provide suggestions to make it more comprehensive.
- Are appropriate connectors used to link ideas? If not, offer some examples to enhance cohesion.
- Are verbs conjugated correctly in the present progressive tense? If not, underline the verbs with errors.

Once you have completed these steps, return the composition to your partner.

2. Look closely at your composition, noting the marked errors and reflecting on your partner's suggestions. Ask your instructor if you have any questions. Then rewrite it, taking into account your partner's feedback and correcting all grammatical errors. Hand in the final draft to your instructor.

¡Has aprendido mucho! ¡Enhorabuena!

CHAPTER 8 ANSWER KEY

Actividad 8.1
1. están escuchando
2. está tocando
3. están estudiando
4. está durmiendo
5. estamos haciendo
6. estamos cenando
7. está leyendo
8. estoy lavando
9. estás buscando
10. están comprando

Actividad 8.2
1. Está haciendo
2. estás escuchando
3. están hablando
4. están mirando
5. está leyendo
6. están preguntando
7. están estudiando

Actividad. 8.3
1. c
2. e
3. b
4. d
5. f
6. a
7. g

Actividad 8.6
1. estoy estudiando
2. estamos haciendo
3. está ayudando
4. está explicando
5. está dando

6. estamos trabajando
7. está terminando
8. está preparando
9. está lloviendo
10. estás haciendo

Actividad 8.7

1. La estoy confirmando. / Estoy confirmándola.
2. La estoy reservando. / Estoy reservándola.
3. Lo estoy invitando. / Estoy invitándolo.
4. La estoy preparando. / Estoy preparándola.
5. Los estoy corrigiendo. / Estoy corrigiéndolos.
6. Las estoy incluyendo. / Estoy incluyéndolas.
7. Los estoy buscando. / Estoy buscándolos.
8. Los estoy imprimiendo. / Estoy imprimiéndolos.
9. Las estoy programando. / Estoy programándolas.
10. Lo estoy pidiendo. / Estoy pidiéndolo.

Actividad 8.8

Paso 1.

1. b
2. a
3. e
4. g
5. d
6. c
7. f

Paso 2.

1. María se bañó y se está secando / está secándose el cabello.
2. Juan se despertó y se está cepillando / está cepillándose los dientes.
3. El niño se cayó y se está levantando / está levantándose del piso.
4. Javier corrió 10 millas y se está duchando / está duchándose.
5. Mi abuela cortó cebolla y se está lavando / está lavándose las manos.
6. Simón compró una cuchilla de afeitar y se está afeitando / está afeitándose.
7. Mi padre se manchó cuando comía y se está quitando / está quitándose la camisa sucia.

¿Sabías que...?

Después de leer.

1. Están sufriendo una doble discriminación: por su condición de inmigrantes y también por su orientación sexual y de género.
2. No, hay estudios sobre la correlación del empleo o bien de migrantes, por una parte, o de personas LGBTIQ+, pero no sobre ambos a la vez.
3. Porque ya sufren discriminación en el proceso de selección.
4. No, se muestra de forma indirecta.
5. Sí, se están creando leyes progresistas.
6. Porque en la sociedad todavía hay rechazo a los grupos LGBTIQ+.
7. Answers will vary.
8. Answers will vary.

CAPÍTULO 9

LAS ORACIONES INTERROGATIVAS Y EXCLAMATIVAS

→ Las oraciones interrogativas
→ Las oraciones exclamativas

A. LAS ORACIONES INTERROGATIVAS

| ¿Dónde están ellos? | ¿Está trabajando él? | Julio está en la biblioteca, ¿verdad? |

When asking a question in Spanish, an inverted question mark is placed at the beginning of the question and a regular one is placed at the end.[1]

Ejemplos:
- ¿Qué quieres**?**
- ¿Necesitas ayuda**?**

---

1. In addition to the masculine and feminine genders traditionally used in Spanish, this book includes one of the most commonly used non-binary pronouns, *elle*, and the grammar forms related to it. Please see Appendix 1 to learn more. It also describes the various uses of the second-person singular pronoun *vos* and the verb forms associated with it. Please see Appendix 2 to learn more.

One of the most common ways of asking a question in Spanish is by using question words. When used in interrogative sentences, question words have an accent.

PALABRAS INTERROGATIVAS	
¿qué?	what?
¿cuándo?	when?
¿dónde?	where?
¿adónde?	where to?
¿por qué?	why?
¿para qué?	what for?
¿cuánto/a/e? ¿cuántos/as/es?	how much? how many?
¿cómo?	how?
¿cuál?	which?
¿quién?	who?
¿qué tan (grande, caro, etc.)...?	how (big, expensive, etc.)...?

Question words are typically placed before the verb.

Ejemplos:
- **¿Qué** es esto?
- **¿Cuándo** viene tu padre?
- **¿Por qué** lloras?

Some question words ask for clarification.

Ejemplos:
- **¿Cuál** de estos chicos es tu amigo?
- **¿A cuántas** personas les vas a comprar regalos?

When asking a question without a question word, place the verb before the subject.

Ejemplos:
- **¿Es** ella tu hermana?
- **¿Vienes** tú a la fiesta?

Questions are also accompanied by a rising tone at the end of the sentence.

Ejemplos:
- ¿Hay leche?
- ¿Te gusta cocinar?
- ¿No venís vos conmigo?

When asking indirect questions, put the subject after the verb.

Ejemplos:
- ¿Sabes adónde **fue** <u>tu madre</u>? (adónde ~~tu madre fue~~)
- ¿Puedes decirme cuál **es** <u>tu amigo</u>? (cuál ~~tu amigo es~~)

Questions can also be asked by placing words such as **¿no?**, **¿verdad?**, and **¿cierto?** at the end of the sentence.

Ejemplos:
- María, tienes que estudiar, **¿no?**
- Ellas no saben nadar, **¿verdad?**
- Hijo, compraste pan, **¿cierto?**

When only part of a sentence is a question, question marks are placed around that specific part.

Ejemplos:
- Dime, mamá, **¿**es cierto que mañana es el cumpleaños de Pablo**?**
- Si te compro un boleto, **¿**vas a viajar conmigo**?**

PRÁCTICA

Actividad 9.1

Read these sentences and complete them with the correct question word.

1. ¿ _____ viven tus padres? —Viven en Salamanca.
2. ¿ _____ cuesta esa blusa? —Cuesta 40 euros.
3. ¿ _____ de estas flores te gustan? —Me gustan las rosas rojas.
4. ¿ _____ vas a ir después de la clase? —Voy a ir a la biblioteca.
5. ¿ _____ hora es? Son las 4 de la tarde.

6. ¿_____ estás, Arturo? —Estoy bien, gracias.

7. ¿_____ fue tu hermano al concierto? —Con sus amigos.

8. ¿_____ compraste esas botas? —Para ir a las montañas.

9. ¿_____ lloras, Alicia? —Se murió mi perro.

10. ¿_____ es ella? —Ella es mi novia.

Actividad 9.2

Use question words to ask questions that would elicit the given responses.

Ejemplo: Mi mamá está en la tienda. ¿**Dónde** está tu mamá?

1. Armando es mi hermano. _____.

2. Comemos a las 2 de la tarde. _____.

3. Veo a mis amigos en las clases. _____.

4. Mi hermane está mejor; ya no tiene fiebre. _____.

5. Estamos estudiando. _____.

6. No quiero ir al cine porque es muy tarde. _____.

7. Vos necesitás dinero para comprar un vestido nuevo. _____.

Actividad 9.3

Match these answers with the corresponding questions. Write the letters in the spaces provided.

a. Sí, quiero comprar un teléfono nuevo.

b. No, sólo tardé 15 minutos en llegar.

c. Sí, soy chef.

d. No, es más pequeño.

e. No, son mis compañeros de clase.

f. No, prefiero cantar.

g. Es mi hermana.

1. ¿Son ellos tus amigos? _e_

2. Necesitas dinero, ¿verdad? ___

3. ¿Puedes decirme quién es ella? ___

4. Tu primo es mayor que tú, ¿no? ___

5. ¿A vos te gusta bailar? ___

6. ¿Sabes cocinar? ___

7. ¿Hay mucho tráfico? ___

Actividad 9.4

Un amigo enfermo
Read the following message and place question marks where needed.

Hola, Julián.

Cómo estás. Te escribí ayer, pero no me contestaste. Estás bien. Tu madre me dijo que estás enfermo. Tienes fiebre. Has ido al médico. Vives solo, no. Quieres que pase por tu casa y te lleve algo. Bueno, avísame si necesitas ayuda. Estoy muy preocupada por ti.

Un abrazo,

Miriam

Actividad 9.5

Pasatiempos
Paso 1. Complete this activity with a partner. Ask each other questions to learn about your hobbies, talents, and other activities you do in your leisure time. Take notes; you will use them for the next activity.

Paso 2. Write what you have learned about your partner. Compare and contrast your partner's hobbies, talents, and other leisure-time activities with your own. Write about six sentences and share your findings with the class.

Actividad 9.6

Líderes.
Read this text and complete the activity that follows.

A lo largo de la historia, ha habido diferentes líderes políticos, ideológicos y espirituales. Piensa en Abraham Lincoln, José Mujica, Eva Perón, Dr. Martin Luther King Jr., Dolores Huerta, etc. Al hablar de sus cualidades, a menudo se mencionan características como autoridad, firmeza y convicción, pero también honestidad y empatía. Imagina que tienes la oportunidad de entrevistar a tres personas que consideras modelos de liderazgo político, ideológico o espiritual. Escribe cinco preguntas que les harías.

	Nombre de líder 1:	Nombre de líder 2:	Nombre de líder 3:
Pregunta 1			
Pregunta 2			
Pregunta 3			
Pregunta 4			
Pregunta 5			

Actividad 9.7

Una canción
Antes de escuchar.

Paso 1. Contesta estas preguntas.

1. ¿Qué tipo de música te gusta? ¿Cuáles son tus bandas o cantantes favoritos?
2. ¿A qué cantantes de origen hispano conoces? ¿Qué tipo de música producen? ¿Te gustan sus canciones? ¿Por qué?

Paso 2. Busca en internet información sobre Marc Anthony. Luego, contesta estas preguntas.

1. ¿Cuál es su origen?
2. ¿Qué tipo de música produce?
3. ¿Qué premios ha recibido?
4. ¿Qué más aprendiste sobre Marc Anthony?

A escuchar.

Paso 1. Busca en internet la canción de Marc Anthony que se llama "¿Ahora quién?" y escúchala.

Paso 2. Después de escucharla, contesta estas preguntas:

1. ¿Cuál es el tema de la canción?
2. ¿Cuáles son algunas de las cosas que se mencionan?

Paso 3. Ahora busca en internet la letra de esta canción y léela con detenimiento. Después contesta las siguientes preguntas.

1. ¿Cómo se siente el autor de la canción?
2. ¿A quién crees que va dirigida?
3. ¿Qué piensas que pasó entre ellos?
4. ¿Cuáles son algunas de las preguntas que le hace el autor a la persona a la que le dedica esta canción? Escribe al menos cuatro.

Paso 4. Ahora imagina que vas a entrevistar a Marc Anthony. Escribe cinco preguntas que podrías hacerle sobre esta canción y sobre su vida artística.

B. LAS ORACIONES EXCLAMATIVAS

When writing exclamatory sentences in Spanish, an inverted exclamation mark is placed at the beginning of the sentence and a regular one is placed at the end.

It is common to begin an exclamation with **qué**. When used in exclamatory contexts, **qué** has an accent and can be followed by a noun, an adjective, or an adverb.

Ejemplos:
- ¡**Qué** <u>sorpresa</u>! (What a surprise! = noun)
- ¡**Qué** <u>bonita</u>! (How cute! = adjective)
- ¡**Qué** <u>maravillosamente</u> tocas el violín! (How beautifully you play the violin! = adverb)

When followed by an adjective, **qué** can be used with **más** or **tan**.

Ejemplos:
- ¡**Qué** vida **más** bella! ¡**Qué** vida **tan** bella! (What a beautiful life!)
- ¡**Qué** día **más** feliz! ¡**Qué** día **tan** feliz! (What a happy day!)

When using **cuánto** for exclamations, it must agree in gender and number with any nouns that follow it. When followed by a verb, it is always in the masculine singular form.

Ejemplos:
- ¡**Cuánt<u>a</u>** <u>alegría</u>! (How much joy!)
- ¡**Cuánt<u>os</u>** niñ<u>os</u>! (How many children!)
- ¡**Cuánt<u>o</u>** te <u>extraño</u>! (How much I miss you!)

Cómo can be used before conjugated verbs.

Ejemplos:
- ¡**Cómo** canta Bárbara! (How Barbara sings!)
- ¡**Cómo** quiero verte! (How I want to see you!)

Exclamation marks can be used in other emphasized contexts.

Ejemplos:
- ¡Ella es mi hermana**!**
- ¡Ayuda**!** ¡Fuego**!**
- ¡No**!** ¡No quiero comer sopa**!**

When only part of a sentence is emphasized, exclamation marks are placed around that specific part.

Ejemplos:
- Amigo, ¡qué alegría verte**!**
- Pero Pedro, ¡esa es una noticia buenísima**!**

An exclamation mark can be combined with a question mark when expressing elements of both emphasis and question. While their order does not matter, they should mirror each other at the beginning and end.

Ejemplos:
- ¡¿María hizo qué**?!** (María did what?!)
- ¿¡Compraste una moto**!?** (You bought a motorcycle?!)

PRÁCTICA

Actividad 9.8

Read the following statements and write exclamatory sentences about them with **qué.** Use **más** and **tan** when appropriate.

1. La casa es bonita. _____.
2. Este niño come muy lentamente. _____.
3. El vestido es caro. _____.
4. El piso está sucio. _____.
5. Mi madre cocina bien. _____.
6. La piscina es profunda. _____.
7. La sopa está caliente. _____.
8. El niño es curioso. _____.
9. El profesor habla rápidamente. _____.
10. Mi hermana conduce muy mal. _____.

Actividad 9.9

Read the following statements and write exclamatory sentences about them with **cuánto/a/e/os/as/es** or **cómo**.

1. Hay mucha gente aquí. _____.
2. Hay muchos coches. _____.

3. Me alegro de verte. _____.
4. Ella te quiere mucho. _____.
5. Juan tiene mucho dinero. _____.
6. Bailamos mucho ayer. _____.
7. Lloré mucho. _____.
8. Hay muchas flores. _____.

Actividad 9.10

Match these reactions with the corresponding statements. Write the letters in the spaces provided.

a. ¡Qué bien!
b. ¡Cuidado!
c. ¡Por Dios!
d. ¡Ánimo!
e. ¡Qué divertido!
f. ¡Qué tristeza!
g. ¡Bravo!

1. Vamos a ir al parque acuático. _e__
2. Mi gato se murió. ___
3. Terminé todo mi trabajo. ___
4. Gané un premio hoy. ___
5. Se descompuso mi coche por tercera vez. ___
6. El piso está mojado. ___
7. Tengo miedo de no pasar el examen. ___

Actividad 9.11

Una noticia buena

Read the following message and put exclamation marks where needed.

> Jorge, no me lo vas a creer: me aceptaron en la universidad. ¿¿Te imaginas?? Qué noticia tan buena. Cuánto me alegro. Estoy muy ilusionada porque voy a vivir en Buenos Aires. Qué ciudad más bella. Llámame cuando puedas, que quiero compartir más detalles contigo. Qué día tan feliz.

Actividad 9.12

Un desfile

Look at this image and write about the parade. Include as many exclamations as you can with **qué** and **cuánto/a/e/os/as/es.**

SARATSTOCK / shutterstock

¿SABÍAS QUE...?

Antes de leer.

Answer the following questions. Share your opinions with the class.

1. ¿Qué sabes sobre las personas no binarias?
2. ¿Conoces a alguien que se identifique como persona no binaria? ¿Qué sabes de esta persona?
3. En tu opinión, ¿tienen dificultades las personas no binarias para sentirse aceptadas en la sociedad actual? Menciona algunos ejemplos específicos de posibles problemas a los que estas personas se enfrentan.

A leer.

Alex Liu: "Soy une chique de arte"

Playa Blanca, Costa Rica. Fotografía tomada por Alex Liu

Entrevistadora: Hola Alex, ¿cómo estás? ¿Qué tal tu día?

Alex: Hola, me encuentro muy bien en el día de hoy, gracias.

Entrevistadora: Cuéntanos un poco de ti. ¿De dónde eres?

Alex: Bueno, mi nombre es Alex Liu, tengo 25 años, pelo azul y estoy gorde. Soy une fotografe y activista no binarie de Costa Rica. Soy une chique de arte, tengo cuatro perros y un gato.

Entrevistadora: ¿Y cuáles son tus pasiones? ¿A qué te dedicas?

Alex: Me dedico a muchas cosas: fotografía, gastronomía, servicio al cliente, un poco a la pintura y recientemente tatuaje. También doy charlas sobre género y capacitaciones sobre personas trans.

Entrevistadora: Me di cuenta de que te identificas como no binarie. ¿Cómo nos describirías tu experiencia como persone no binarie en Costa Rica?

Alex: Mi experiencia como no binarie en Costa Rica ha sido algo rara; aquí no tenemos, o no teníamos en su momento, tanta información sobre el tema. El idioma al ser binario mayormente hace muy difícil que persones como nosotres sean visibles.

Entrevistadora: ¿Crees que otres persones no binaries tienen la misma sensación?

Alex: Muches de mis amigues no binaries me dicen que tienen el mismo problema.

Entrevistadora: ¿Y por qué crees que ocurre esto?

Alex: Si el lenguaje no nos nombra, entonces para la sociedad no existimos. Yo llevo 10 años en todo este tema del activismo, y espero que, así como avanzan las cosas para chicos y chicas trans, así avancen para nosotres.

Entrevistadora: ¿Cuáles pueden ser ejemplos de avance?

Alex: Que podamos tener acceso a baños neutros, el uso de pronombres como "elle" en los ámbitos laborales y educativos y en nuestros documentos de identidad, por ejemplo, con el género no binario.

Entrevistadora:	Entiendo. Cambiando un poco de tema, me dices que te gusta la fotografía. ¿Me puedes hablar un poco más de eso?
Alex:	Bueno, es algo que en un inicio no consideraba como importante, pero en 2015 tuve la posibilidad de usar una cámara profesional por primera vez y ahí se inició mi gran pasión.
Entrevistadora:	¿Qué atrae tu atención? ¿Qué te gusta fotografiar?
Alex:	Me gusta fotografiar animales, paisajes, naturaleza, aunque también disfruto los retratos espontáneos, esos donde nadie sabe que se está tomando una foto; me hace muy feliz captar a las personas siendo elles mismes, con todos sus sentimientos de ese instante.
Entrevistadora:	Muchas gracias, Alex, por dedicarnos una parte de tu tiempo. Te lo agradecemos enormemente.

Después de leer.

Paso 1. Write a brief summary about Alex. In your summary, include three to four adjectives.

Paso 2. Answer the following questions.

1. ¿Por qué crees que Alex se define como une chique de arte?
2. En tu opinión, ¿a qué se refiere Alex cuando dice que su experiencia como persone no binarie fue "rara"?
3. ¿Qué tipo de progreso para les persones no binaries quiere ver Alex en el futuro en Costa Rica?
4. ¿Por qué el lenguaje es importante para la comunidad no binaria?
5. ¿Fue el amor de Alex por la fotografía inmediato? Justifica tu respuesta.
6. ¿Qué fue lo más interesante que aprendiste en esta actividad?

A ESCRIBIR
Paso 1. La composición
Antes de escribir.

1. ¿Sabes qué significan las siglas LGBTQI+? ¿Qué sabes sobre personas que se identifican como LGBTQI+?
2. ¿Conoces a alguien que se identifique como LGBTQI+? ¿Qué sabes de esta persona?

A escribir.
Now read the prompt below and write a composition. In your composition, include some of these connectors for cohesion.

primero	first
después	after/later/then
por otro lado	on the other hand
también	also
además	moreover
sin embargo	however
no obstante	nonetheless

En la comunidad. Imagine that you have an opportunity to interview a representative of the LGBTQI+ community. Do some research on the LGBTQI+ community online. Then write a brief introduction stating why you are interested in conducting this interview and create a list of questions. You can start with background questions and then more broadly ask about the LGBTQI+ community. Include different interrogative words and write about seven questions.

Después de escribir.
Proofread your composition:

- Did you include a variety of interrogative words?
- Did you use question marks correctly?
- Did you include at least three connectors from the list?

Paso 2. Trabajo en pareja
Work with a partner to review each other's composition and give each other feedback.

1. Share your composition with your partner. As you read your partner's work, focus on the following:

- Have the ideas been developed fully? If not, provide suggestions to make it more comprehensive.
- Are appropriate connectors used to link ideas? If not, offer some examples to enhance cohesion.
- Are interrogative words used correctly? Are question marks used correctly? Are accents placed correctly? If not, underline the errors.

Once you have completed these steps, return the composition to your partner.

2. Look closely at your composition, noting the marked errors and reflecting on your partner's suggestions. Ask your instructor if you have any questions. Then rewrite it, taking into account your partner's feedback and correcting all grammatical errors. Hand in the final draft to your instructor.

¡Has aprendido mucho! ¡Enhorabuena!

CHAPTER 9 ANSWER KEY

Actividad 9.1

1. ¿Dónde?
2. ¿Cuánto?
3. ¿Cuál? ¿Cuáles?
4. ¿Adónde?
5. ¿Qué?
6. ¿Cómo?
7. ¿Con quién? ¿Con quiénes?
8. ¿Para qué?
9. ¿Por qué?
10. ¿Quién?

Actividad 9.2

1. ¿Quién es Armando?
2. ¿A qué hora comemos/coméis/comen?
3. ¿Dónde ves/ve a tus/sus amigos? / ¿A quién ves/ve en la clase?
4. ¿Cómo está tu/su hermane?
5. ¿Qué estáis/están haciendo?
6. ¿Por qué no quieres/quiere ir al cine?
7. ¿Para que necesitás dinero?

Actividad 9.3

1. e
2. a
3. g
4. d
5. f
6. c
7. b

Actividad 9.4

Un amigo enfermo
Hola, Julián.
¿Cómo estás? Te escribí ayer, pero no me contestaste. ¿Estás bien? Tu madre me dijo que estás enfermo. ¿Tienes fiebre? ¿Has ido al médico? Vives solo, ¿no? ¿Quieres que pase por tu casa y te lleve algo? Bueno, avísame si necesitas ayuda. Estoy muy preocupada por ti.

Actividad 9.7

Paso 2.

1. Es puertorriqueño-estadounidense.
2. Produce varios tipos de música: salsa, bolero, pop, etc.
3. Ha recibido múltiples premios, entre ellos Grammy, Latin Grammy y Billboard Latin Music Awards.
4. Answers will vary.

Actividad 9.8

1. ¡Qué bonita es la casa! / ¡Qué casa más bonita! / ¡Qué casa tan bonita!
2. ¡Qué lentamente come este niño!
3. ¡Qué caro es el vestido! / ¡Qué vestido más caro! / ¡Qué vestido tan caro!
4. ¡Qué sucio está el piso! / ¡Qué piso más sucio! / ¡Qué piso tan sucio!
5. ¡Qué bien cocina mi madre!
6. ¡Qué profunda es la piscina! / ¡Qué piscina más profunda! / ¡Qué piscina tan profunda!
7. ¡Qué caliente está la sopa! / ¡Qué sopa más caliente! / ¡Qué sopa tan caliente!
8. ¡Qué curioso es el niño! / ¡Qué niño más curioso! / ¡Qué niño tan curioso!
9. ¡Qué rápidamente habla el profesor!
10. ¡Qué mal conduce!

Actividad 9.9

1. ¡Cuánta gente!
2. ¡Cuántos coches!
3. ¡Cuánto me alegro de verte! / ¡Cómo me alegro de verte!
4. ¡Cuánto te quiere ella! / ¡Cómo te quiere ella!
5. ¡Cuánto dinero tiene!
6. ¡Cuánto bailamos! / ¡Cómo bailamos!
7. ¡Cuánto lloré! / ¡Cómo lloré!
8. ¡Cuántas flores!

Actividad 9.10

1. e
2. f
3. a
4. g
5. c
6. b
7. d

Actividad 9.11

Una noticia buena

Answers will vary. Example:

Jorge, no me lo vas a creer: ¡me aceptaron en la universidad! ¿¿Te imaginas??
¡Qué noticia tan buena! ¡Cuánto me alegro! Estoy muy ilusionada porque voy
a vivir en Buenos Aires. ¡Qué ciudad más bella! Llámame cuando puedas que
quiero compartir más detalles contigo. ¡Qué día tan feliz!

¿Sabías qué...?

Después de leer.

Paso 2.

1. Porque le gusta la fotografía y la pintura.
2. Se refiere a que en Costa Rica no había mucha información sobre la
   comunidad no binaria, y tampoco se había desarrollado un lenguaje para
   referirse a esta comunidad.
3. Quiere ver progresos en el ámbito social, laboral y educativo. Por ejemplo,
   baños neutros, usos de pronombres en los documentos de identidad, etc.
4. Porque sin el lenguaje, no podemos hablar de las cosas que existen.
5. No, al principio no lo consideraba algo importante.
6. Answers will vary.

A escribir.

Antes de escribir.

1. LGBTQI: Lesbiana, gay, bisexual, transgénero, transexual, travesti, *queer* e
   intersexual. Al final se agrega el símbolo + para incluir a quienes no están
   representados en estas siglas.

CAPÍTULO 10

LAS COMPARACIONES

→ La comparación: desigualdad
→ La comparación: igualdad
→ La comparación: el superlativo

A. LA COMPARACIÓN: DESIGUALDAD

Ahora nosotros hacemos **más** ejercicio **que** antes.	Soy **menos** fuerte **que** mi primo.	Simón corre **más** velozmente **que** los demás.

Comparisons of inequality are used to speak of unequal amounts, characteristics or actions. In Spanish, comparisons of inequality can be made with nouns, adjectives, adverbs, and verbs.[1]

---

1. In addition to the masculine and feminine genders traditionally used in Spanish, this book includes one of the most commonly used non-binary pronouns, *elle*, and the grammar forms related to it. Please see Appendix 1 to learn more. It also describes the various uses of the second-person singular pronoun *vos* and the verb forms associated with it. Please see Appendix 2 to learn more.

Comparisons with nouns: **más/menos +** <u>singular or plural noun</u> **+ que**.

Ejemplos:
- Pilar tiene **más** <u>tiempo</u> **que** yo.
- Nosotros comemos **menos** <u>pescado</u> **que** carne.
- Juan no tiene **más** <u>juguetes</u> **que** yo.
- Mi abuela compra **menos** <u>frutas</u> **que** verduras.

Comparisons with adjectives: **más/menos +** <u>adjective</u> **+ que**. Adjectives agree in gender and number with the nouns they modify.

Ejemplos:
- Mi herman<u>a</u> es **más** <u>curiosa</u> **que** yo.
- Tu libr<u>o</u> es **menos** <u>viejo</u> **que** el mío.
- Estas cas<u>as</u> no son **más** <u>altas</u> **que** las de mi barrio.
- Los zapat<u>os</u> rojos son **menos** <u>bonitos</u> **que** los azules.

These adjectives have irregular forms when used for comparison:

~~más bueno~~ → mejor
~~más malo~~ → peor
más grande (age) = mayor
más pequeño (age) = menor

Ejemplos:
- Este pastel es ~~más bueno~~ que aquel. → Este <u>pastel</u> es **mejor que** aquel.
- Las notas de mis amigos son ~~más malas~~ que las mías. → Las <u>notas</u> de mis amigos son **peores que** las mías.
- Mi hermana no es más grande que vos. = Mi <u>hermana</u> no es **mayor que** vos.
- Los primos de Sonia son más pequeños que ella = Los <u>primos</u> de Sonia son **menores que** ella.

Comparisons with adverbs: **más/menos +** <u>adverb</u> **+ que**.

Ejemplos:
- Mis compañeros leen **más** <u>lentamente</u> **que** yo.
- Esta atleta corre **más** <u>rápidamente</u> **que** las demás.
- Julia no aprende el inglés **más** <u>fácilmente</u> **que** nosotros.

Comparisons with verbs: <u>singular or plural verb</u> **+ más/menos + que**.

Ejemplos:
- Ella <u>come</u> **más que** yo.
- Mi perro <u>duerme</u> **menos que** mi gato.
- Los padres de Rebeca <u>viajan</u> **más que** los míos.
- Mis padres no <u>trabajan</u> **menos que** tus padres.

It is not necessary to include the entire comparison structure when what is being compared is clear from context.

Ejemplos:
- ¿Tienes 10 pares de zapatos? Yo tengo **más**.
- Quiero comprar una de estas camisas. La verde es **menos** cara.
- Mi hermane y yo estamos tomando clases de baile. Mi hermane baila **mejor**.

When making comparisons of inequality with numbers, use the preposition **de** instead of **que**.

Ejemplos:
- Hay **más de** <u>100</u> personas en este salón de eventos.
- Mi hijo no bebe **menos de** <u>2</u> vasos de leche por día.

PRÁCTICA

Actividad 10.1

Read the following sentences and make comparisons of inequality.

Ejemplo: Yo mido 165 centímetros. Mi hermano mide 190. →
Mi hermano es **más alto que** yo. / Yo soy **menos alto que** mi hermano.

1. Yo tengo tres hermanos. Mi amigue tiene un hermano.
    _____

2. Ricardo tiene 10 años. Consuelo tiene ocho años.
    _____

3. Mi maleta pesa 10 kilos. Tu maleta pesa 20 kilos.
    _____

4. La camisa azul cuesta 40 euros. La camisa negra cuesta 150 euros.
    _____

5. La bolsa de mi mamá mide 10 por 10 centímetros. Mi bolsa mide 20 por 20 centímetros.

_____

6. La cebra corre a 65 kilómetros por hora. El guepardo corre a 160 kilómetros por hora.

_____

7. En México, hay más de 120 millones de personas. En Estados Unidos, hay más de 320 millones de personas.

_____

Actividad 10.2

Complete the following sentences with comparisons of inequality.

Ejemplo: Este trabajo es muy difícil. →
Voy a buscar uno **menos difícil**. / Voy a buscar uno **más fácil**.

1. Este apartamento es muy pequeño. Busco uno _____
2. Mi sofá es muy grande. Voy a comprar uno _____
3. Este reloj es caro. Necesito uno _____
4. Esta canción es muy mala. Pon una _____
5. Esta falda es demasiado corta. Quiero una _____
6. Esta película es violenta. Vamos a ver una _____
7. Este libro es muy aburrido. Te voy a recomendar uno _____

Actividad 10.3

Answer the following questions with comparisons of inequality.

1. ¿Cuál de tus amigos lee más que tú?
2. ¿Cuál de tus amigos tiene más tiempo para divertirse?
3. ¿Cuál de tus amigos corre más rápidamente que tú?
4. ¿Cuál de tus amigos es el/la/le mejor(e) estudiante?
5. ¿Con quién hablas más de 10 minutos por teléfono?
6. ¿Qué deporte te gusta más que el fútbol americano?
7. En tu opinión, ¿es más fácil leer o escribir en español?
8. ¿Cuál de los miembros de tu familia come más verduras que tú?
9. ¿Cuál de tus primos/as/es es menor que tú?
10. Seguramente tienes familia en diferentes ciudades o pueblos. ¿A cuál de tus parientes visitas menos?

B. LA COMPARACIÓN: IGUALDAD

Comparisons of equality are used to speak of equal amounts, characteristics, or actions. In Spanish, comparisons of equality can be made with nouns, adjectives, adverbs, and verbs.

Comparisons with nouns: **tanto +** <u>singular or plural noun</u> **+ como**. The form of **tanto** depends on the gender and the number of the noun it modifies.

Ejemplos:
- No tengo **tanta** <u>paciencia</u> **como** vos.
- Compré **tantos** <u>libros</u> **como** los demás.
- Javier quiere **tantas** <u>plumas</u> **como** Raúl.
- Marco tiene **tantes** <u>amigues</u> **como** yo.

Comparisons with adjectives: **tan +** <u>adjective</u> **+ como**.

Ejemplos:
- Mi computadora es **tan** <u>rápida</u> **como** la tuya.
- El perro de mi amiga no es **tan** <u>travieso</u> **como** el mío.
- Vosotros sois **tan** <u>curiosos</u> **como** yo.
- Las rosas son **tan** <u>bonitas</u> **como** los tulipanes.

Comparisons with adverbs: **tan +** <u>adverb</u> **+ como**.

Ejemplos:
- Alicia hace ejercicio **tan** <u>frecuentemente</u> **como** nosotras.
- Yo no corro **tan** <u>rápidamente</u> **como** mis amigas.
- Mi hermano menor levanta pesas **tan** <u>fácilmente</u> **como** yo.

Comparisons with verbs: <u>verb</u> **+ tanto + como**.

Ejemplos:
- Marta <u>fuma</u> **tanto como** su esposo.
- Julio dice que ya no <u>bebe</u> **tanto como** antes.
- Pilar y Silvia <u>estudian</u> **tanto como** sus amigas.
- Nosotros no <u>viajamos</u> **tanto como** ustedes.

PRÁCTICA

Actividad 10.4

Complete the following sentences with **tan** or **tanto/a/e/os/as/es.**

1. En esta clase hay _____ chicas como chicos.
2. Vos no sos _____ alto como Emilio.
3. Elena dice que tiene _____ años como tú.
4. Nunca tengo _____ tarea como tú.
5. Mi compañere corre _____ rápidamente como yo.
6. Mi madre gana _____ dinero como mi padre.
7. Carmela descansa _____ como trabaja.

Actividad 10.5

Complete the following sentences with comparisons of equality.

Ejemplo: Ruth es guapa. Yo soy **tan guapa como** Ruth.

1. Julián compró muchas flores. Su hermana no compró

   _____

2. Jesús es fuerte. Yo no soy

   _____

3. Tu profesora es muy simpática. La mía es

   _____

4. El vestido de Elisa es muy elegante. El mío no es

   _____

5. Tu anillo es muy caro. El mío no es

   _____

6. Elisa es muy linde. Bárbara es

   _____

7. Mi perro es muy inteligente. Mi gato es

   _____

8. Luis tiene muchos amigos. Yo no tengo

   _____

9. Mi hermano come mucho. Vos no comés

   _____

10. Mi tía habla muy lentamente. Mi madre no habla

    _____

Actividad 10.6

Tú y yo

Compare your life to your friend's. Read the following sentences and make comparisons of equality.

Ejemplo: Tengo tres perros. Tú tienes **tantos perros como** yo.

	Yo	Tú
1.	Yo soy inteligente.	
2.	Yo canto bien.	
3.	Mis amigos son simpáticos.	
4.	Yo corro rápidamente.	
5.	Yo hago ejercicio.	
6.	Mis mascotas son lindas.	
7.	Mi vida es divertida.	

C. LA COMPARACIÓN: EL SUPERLATIVO

Superlative comparisons are typically used with adjectives to speak of the upper or lower limit of a quality.

Relative superlatives: **definite article** (+noun) **+ más/menos +** adjective.

Ejemplos:

Madrid, Spain

- Mi ciudad natal es **la más** bella del mundo. Mi ciudad natal es **la** ciudad **más** bella del mundo.
- El centro de la ciudad es **el menos** ruidoso que conozco. Ésta es **la** ciudad **menos** ruidosa que conozco.

- Los <u>restaurantes</u> son **los más** <u>famosos</u> del país. Éste es **el** <u>restaurante</u> **más** <u>famoso</u> de la ciudad.

These adjectives are also irregular in the superlative form:

~~el/la/le más bueno~~ → el/la/le mejor
~~el/la/le más malo~~ → el/la/le peor
el/la/le más grande (age) = el/la/le mayor
el/la/le más pequeño (age) = el/la/le menor

Like regular superlative adjectives, the irregulars agree in gender and number with the nouns they modify.

Ejemplos:
- Ella es ~~la más buena~~ estudiante en esta clase. → Ella es **la mejor** estudiante en esta clase.
- Esteban es ~~el más malo~~ jugador del equipo. → Esteban es **el peor** jugador del equipo.
- Silvia es **la más pequeña** entre mis hermanos. = Silvia es **la menor** entre mis hermanos.
- Marco y Luis son **los más grandes** del grupo. = Marco y Luis son **los mayores** del grupo.

Absolute superlatives: **root of adjective + ísimo/a/e/os/as/es**. The form of **-ísimo** depends on the gender and the number of the noun it modifies.

Ejemplos:
- Esta chic<u>a</u> es bell**ísim<u>a</u>**.
- Mi prim<u>o</u> está trist**ísim<u>o</u>**.
- Los bolet<u>os</u> de avión son car**ísim<u>os</u>**.
- Las tí<u>as</u> de Carla son alt**ísim<u>as</u>**.

PRÁCTICA

Actividad 10.7

Rewrite these sentences in the relative superlative form.

Ejemplo: Este libro es aburrido. →
Este libro es **el más** aburrid<u>o</u> del mundo. / Este es **el** libr<u>o</u> **más aburrid<u>o</u>**.

1. Este río es peligroso.

   _____

2. Esta fue una mala experiencia.

   _____

3. Estas galletas son deliciosas.

   _____

4. El vestido rojo es elegante.

   _____

5. Estas películas son cómicas.

   _____

6. Esta ensalada es muy saludable.

   _____

7. Julia y Cecilia son buenas amigas.

   _____

Actividad 10.8

Rewrite these sentences with absolute superlatives in the correct form of
-ísimo/a/e/os/as/es.

Ejemplo: Mi hermana está triste. →
Mi herman<u>a</u> está trist**ísim<u>a</u>**.

1. Mi sopa está caliente.

   _____

2. Estas frutas están frescas.

   _____

3. Esta tarea es difícil.

   _____

4. La película que me recomendaste es larga.

   _____

5. El té que compré es amargo.

   _____

6. La clase de química es interesante.

   _____

7. El libro que estoy leyendo es aburrido.

   _____

Actividad 10. 9

Mis clases

Paso 1. Look at these adjectives and think of the classes you are currently taking as well as the classrooms where they are held.

fácil – difícil
limpio – sucio
bueno – malo
aburrido – entretenido
vacío – lleno
largo – corto
lento – rápido
tarde – temprano
pequeño – grande
relajante – estresante

Paso 2. Complete this activity with a partner.

Talk about the classes you are currently taking and the classrooms where they are held. Make comparisons of inequality and equality as well as superlatives. Take notes; you will use them for the next activity.

Paso 3. Complete this table based on Paso 2. Ask each other additional questions if needed.

Las clases más divertidas que tomamos:	
Una clase que empieza tempranísimo:	
La clase menos estresante que toma mi compañero/a/e:	
La clase más larga que toma mi compañero/a/e:	
El salón de clase más limpio que conoce mi compañero/a/e:	
Un salón grandísimo que conocemos:	

Paso 4. Share your findings with the class.

Actividad 10.10

Read about the cuisine of two Spanish-speaking countries, one located in South America and another in Central America or Spain. Write 7 to 10 sentences about the culinary traditions of these two counties, making comparisons of inequality and equality as well as superlatives. Share your findings with the class.

Actividad 10.11

Antes de leer.
Answer the following questions.

1. ¿Qué sabes de la cultura egipcia?
2. ¿Qué sabes de las culturas mesoamericanas, como la azteca y la maya?

A leer.

Las pirámides

Chichen Itza, Yucatan, Mexico

Las pirámides de Egipto y Mesoamérica son algunos de los ejemplos más grandes de la creación humana en la antigüedad. Aunque formaban parte importante de ambas regiones, hay muchas diferencias entre su función y su arquitectura.

Las pirámides de Egipto se remontan al año 2.700 antes de Cristo. Al principio, se construían edificaciones escalonadas, como las mesoamericanas, pero con el tiempo, se dio preferencia a la forma romboidal, de superficie lisa. Las pirámides solían rendir homenaje a los faraones fallecidos y servían para su eterno descanso y su recepción favorable en el más allá. Las más reconocidas son las de Keops, Kefrén y Micerinos. En ellas se han encontrado momias, estatuillas y otros artefactos de la época faraónica.

Mesoamérica fue poblada de culturas como la olmeca, tolteca, maya y azteca. La mayoría de las pirámides mesoamericanas data del año 200 al 1.500 después de Cristo. Entre las más famosas están las de Teotihuacán (aztecas) y Chichén Itzá (mayas). A diferencia de las egipcias, las pirámides mesoamericanas no se dedicaban a los fallecidos, sino a las deidades que se homenajeaban, entre otras cosas, con sacrificios humanos. Las excavaciones han revelado restos humanos, piedras preciosas, piezas de cerámica, estatuillas, etc. La mayoría de las pirámides mesoamericanas son escalonadas para poder ascender a lo más alto y estar así más cerca de la deidad.

Después de leer.
Paso 1. Busca en internet las pirámides mencionadas en el texto y recopila información para contestar estas preguntas:

1. ¿De qué año datan estas pirámides?
2. ¿Cuánto miden?

Paso 2. Compara las pirámides de Egipto con las de Mesoamérica, teniendo en cuenta lo siguiente:

antigüedad
tamaño
función
arquitectura

Paso 3. Escribe cuatro oraciones, comparando las pirámides y usando expresiones de igualdad y desigualdad. Incluye frases como **más que**, **menos que**, **tan grande como**, etc. Comparte tus respuestas con la clase.

¿SABÍAS QUE...?
Antes de leer.
Answer the following questions. Share your opinions with the class.

1. ¿Dónde viviste en tu infancia? ¿En el campo o en la ciudad?
2. Cuando observas imágenes como ésta, ¿qué sensaciones te vienen a la mente?
3. ¿Dónde te gustaría vivir cuando seas mayor?
4. En tu opinión, ¿es mejor vivir en el campo o en la ciudad? ¿Por qué?

A leer.

¿Campo o ciudad?

¿Vivir en una ciudad cosmopolita como Madrid o en un pintoresco pueblo de montaña como Bárcena Mayor? ¿Disfrutar de la tranquilidad, respirar aire limpio y pertenecer a una comunidad pequeña o sumergirse en el ritmo vibrante de la ciudad con una gran variedad de alternativas de empleo y ocio?

A menudo un pueblo en el campo como Zahara de la Sierra en el sur de España, con una población de 1.500 personas, se relaciona con menos densidad de población, tranquilidad y naturaleza. Es un lugar más fácil para llevar una vida relajada. Sin embargo, vivir en el campo conlleva estar alejado de eventos culturales o acceso a múltiples servicios. Residir en una ciudad como Sevilla, Barcelona o Bilbao, por otro lado, nos ofrece mejores redes de transportes, grandes negocios, centros comerciales y mayores oportunidades profesionales, aunque también signifique llevar un estilo de vida más vertiginoso. La decisión final depende de las prioridades y necesidades de cada uno. Analicemos algunos aspectos menos obvios con sus pros y sus contras por si usted y su familia están ante ese dilema.

Zahara de la Sierra, Cadiz, Spain

El entorno rural supone una vida saludable y con menor riesgo de sedentarismo, pero, por otro lado, hay menos acceso a los servicios médicos más complejos. En algunos lugares, como Piqueras en Guadalajara, que no supera el centenar de personas, es incluso más difícil disponer de médicos de familia, pediatras o farmacias. Si tienen una persona con problemas de salud en la familia, probablemente sea mejor vivir en la ciudad, aunque dependiendo de la enfermedad, la tranquilidad y el aire puro pueden ser más beneficiosos que el estrés urbano.

Otro aspecto a tener en cuenta es la educación. Las grandes ciudades típicamente cuentan con centros universitarios mayores, con especialidades más diversificadas, que los pueblos y eso es algo claramente positivo. Universidades grandes como la Universidad Complutense de Madrid brindan una intensa vida educativa, cultural y deportiva. Sin embargo, hay estudios que dicen que los niños que asisten a escuelas rurales tienden a desarrollar sus habilidades cognitivas más que los que asisten a escuelas urbanas. ¿Habría sido Gaudí el increíble arquitecto que fue si no hubiera crecido en Mas de la Calderera, donde la naturaleza era parte constante de su vida y la inspiración recurrente de sus construcciones?

Gran Vía, Madrid, Spain

En las grandes ciudades, predomina la sensación de anonimato, y el ritmo de vida ajetreado suele hacer los lazos afectivos más superficiales que los desarrollados en un entorno rural. Dado que en el campo el ritmo de vida es más pausado, las personas suelen convivir más con su círculo social que aquellas que crecen en la ciudad. Por otro lado, la ciudad ofrece mayor diversidad de oportunidades y recursos, así como una gran variedad de centros culturales y organizaciones sociales, lo cual permite que sea más fácil conectar con personas que compartan los mismos intereses o se enfrenten a los mismos retos.

En definitiva, todo va a depender de sus intereses personales, porque al final hay tantos aspectos positivos o negativos en el campo como en la ciudad.

Después de leer.

1. ¿Cuáles son algunos de los criterios que usamos para comparar el campo y la ciudad?
2. Según el artículo, ¿dónde debería vivir uno si quiere llevar una vida más sana? Justifica tu respuesta.
3. ¿Es la educación un factor determinante para vivir en la ciudad? Justifica tu respuesta.
4. En tu opinión, ¿dónde es más fácil cultivar relaciones personales, en el campo o en la ciudad?
5. ¿Qué opinas de artículos como este? ¿Ayudan a tomar decisiones? Justifica tu respuesta.
6. Después de leer el texto, ¿qué entorno crees que es mejor para ti? ¿Por qué?

A ESCRIBIR

Paso 1. La composición

Antes de escribir.

Make a list of the advantages and disadvantages of living in the country versus living in a city. You can use some of the information you learned from "¿Sabías que...?" or write your own ideas.

	Ventajas	Desventajas
Vida en el campo		
Vida en la ciudad		

A escribir.

Now read the prompt below and write a composition. In your composition, include some of these connectors for cohesion.

primero	first
después	after/later/then
por un lado	on one hand
por otro lado	on the other hand
por eso	that is why
también	also
además	moreover
sin embargo	however

Un lugar para vivir. Imagine that after graduating college, your partner and you wish to move in together. While your partner wants to move to the country, you have a strong preference for the city. Write an email to your partner, comparing both options and explaining why you should stay in the city. Include comparisons of equality, inequality, and superlatives. Write about 10 sentences.

Después de escribir.

Proofread your composition:

- Did you include comparisons of equality, inequality, and superlatives?
- Did you check your spelling?
- Did you include at least three connectors from the list?

Paso 2. Trabajo en pareja

Work with a partner to review each other's composition and give each other feedback.

1. Share your composition with your partner. As you read your partner's work, focus on the following:

- Have the ideas been developed fully? If not, provide suggestions to make it more comprehensive.
- Are appropriate connectors used to link ideas? If not, offer some examples to enhance cohesion.
- Are comparisons of equality, inequality and superlatives written correctly? If not, underline the errors.

Once you have completed these steps, return the composition to your partner.

2. Look closely at your composition, noting the marked errors and reflecting on your partner's suggestions. Ask your instructor if you have any questions. Then rewrite it, taking into account your partner's feedback and correcting all grammatical errors. Hand in the final draft to your instructor.

¡Has aprendido mucho! ¡Enhorabuena!

CHAPTER 10 ANSWER KEY

Actividad 10.1
1. Yo tengo más hermanos que elle. / Elle tiene menos hermanos que yo.
2. Ricardo es mayor que Consuelo. / Consuelo es menor que Ricardo.
3. Mi maleta pesa menos que la tuya. / Tu maleta pesa más que la mía.
4. La camisa azul cuesta menos que la negra. / La camisa negra cuesta más que la azul.
5. La bolsa de mi mamá es más pequeña que la mía. / Mi bolsa es más grande que la suya.
6. La cebra corre menos rápidamente que el guepardo. / El guepardo corre más rápidamente que la cebra.
7. Hay más personas en Estados Unidos que en México. / Hay menos personas en México que en Estados Unidos.

Actividad 10.2
Answers will vary. Possible answers:
1. más grande.
2. menos grande. / más pequeño.
3. menos caro. / más barato.
4. mejor.
5. menos corta. / más larga.
6. menos violenta.
7. menos aburrido. / más divertido.

Actividad 10.4
1. tantas
2. tan
3. tantos
4. tanta
5. tan
6. tanto
7. tanto

Actividad 10.5
1. tantas flores como ella.
2. tan fuerte como Jesús.
3. tan simpática como la tuya.
4. tan elegante como el suyo.

5. tan caro como el tuyo.
6. tan linda como Elisa.
7. tan inteligente como mi perro.
8. tantos amigos como él.
9. tanto como él.
10. tan lentamente como ella.

Actividad 10.6

1. Tú eres tan inteligente como yo.
2. Tú cantas tan bien como yo.
3. Tus amigos son tan simpáticos como los míos.
4. Tú corres tan rápidamente como yo.
5. Tú haces tanto ejercicio como yo.
6. Tus mascotas son tan lindas como las mías.
7. Tu vida es tan divertida como la mía.

Actividad 10.7

1. Este río es el más peligroso del mundo. / Este es el río más peligroso.
2. Esta fue la peor experiencia del mundo. / Esta fue la peor experiencia.
3. Estas son las galletas más deliciosas del mundo. / Estas son las galletas más deliciosas.
4. El vestido rojo es el más elegante del mundo. / El vestido rojo es el más elegante.
5. Estas películas son las más cómicas del mundo. / Estas películas son las más cómicas.
6. Esta ensalada es la más saludable del mundo. / Esta ensalada es la más saludable.
7. Julia y Celia son las/les mejores amigas/ues del mundo. / Julia y Celia son las/les mejores amigas/ues.

Actividad 10.8

1. Mi sopa está calentísima.
2. Estas frutas están fresquísimas.
3. Esta tarea es dificilísima.
4. La película es larguísima.
5. El té es amarguísimo.
6. La clase es interesantísima.
7. El libro es aburridísimo.

¿Sabías que...?

Después de leer.

1. La tranquilidad, la contaminación, la densidad de población, el acceso a la educación o a los servicios médicos, etc.
2. A primera vista parece que en el campo, pero hay factores que lo pueden contradecir, como el uso de contaminantes en la agricultura o la falta de acceso a centros médicos especializados.
3. Puede serlo porque hay mayor acceso a centros de estudios avanzados, pero hay estudios que muestran que en el campo se desarrollan más las habilidades cognitivas.
4. Answers will vary.
5. Answers will vary.
6. Answers will vary.

CAPÍTULO 11

EL IMPERATIVO

→ El imperativo: formal
→ El imperativo: informal

A. EL IMPERATIVO: FORMAL

| Señor Aguirre, observe. | Colegas, presten atención. | Chicos, escuchen. |

In Spanish, the imperative mood (commands) is used to give instructions, advice, permissions, etc. The verb forms below are used in formal settings.[1]

IMPERATIVO: FORMAL			
	-ar	**-er**	**-ir**
usted	trabaje	coma	abra
	no trabaje	no coma	no abra
ustedes	trabajen	coman	abran
	no trabajen	no coman	no abran

---

1. In addition to the masculine and feminine genders traditionally used in Spanish, this book includes one of the most commonly used non-binary pronouns, *elle*, and the grammar forms related to it. Please see Appendix 1 to learn more. It also describes the various uses of the second-person singular pronoun *vos* and the verb forms associated with it. Please see Appendix 2 to learn more.

Ejemplos:
- Señor Presidente, **pase**, por favor.
- Profesores, no **entren** todavía, por favor.
- Señora Juárez, no **abra** la ventana, por favor.
- Colegas, **lean** la información, por favor.

In Latin America, the **ustedes** form of the imperative can be used to address a group of people in both formal and informal settings.

Ejemplos:
- <u>Señores,</u> **abran** sus libros, por favor.
- <u>Julio y Marco,</u> **abran** sus libros, por favor.

Some verbs have irregular endings when used in the **usted** and **ustedes** form of the imperative.

> Verbs ending in **-car**: aparcar: (Uds.) apar**quen**
> Verbs ending in **-cir**: conducir: (Ud.) condu**zca**
> Verbs ending in **-gar**: pagar: (Ud.) pa**gue**
> Verbs ending in **-ger**: escoger: (Ud.) esco**ja**
> Verbs ending in **-zar**: cruzar: (Uds.) cru**cen**

Ejemplos:
- Señor Pérez, **apague** las luces, por favor.
- Maestras, **corrijan** los exámenes, por favor.
- Chicas, **avancen**, por favor.

Some verbs have a stem change when used in the usted and ustedes form of the imperative.

> e → ie: cerrar: (Ud.) c**ie**rre
> e → i: pedir: (Ud.) p**i**da
> o → ue: dormir: (Uds.) d**ue**rman
> u → ue: jugar: (Uds.) j**ue**guen

Ejemplos:
- Estudiantes, no **enciendan** la luz, por favor.
- Doña Juana, **repita** la pregunta, por favor.
- Chicos, si tienen preguntas, **pidan** ayuda.

Some verbs have both a stem change and an irregular ending when used in the **usted** and **ustedes** form of the imperative.

Ejemplos:
- comenzar: Colegas, com**ie**ncen la sesión, por favor.
- regar: Señora María, r**ie**gue las plantas, por favor.

Some verbs have irregular forms in the imperative mood. Here are some examples.

IMPERATIVO FORMAL: VERBOS IRREGULARES								
	dar	decir	hacer	ir	saber	salir	ser	tener	venir
Usted	(no) dé	(no) diga	(no) haga	(no) vaya	(no) sepa	(no) salga	(no) sea	(no) tenga	(no) venga
Ustedes	(no) den	(no) digan	(no) hagan	(no) vayan	(no) sepan	(no) salgan	(no) sean	(no) tengan	(no) vengan

Ejemplos:
- Luisa y Victoria, **vengan** conmigo, por favor.
- Niños, no **sean** impacientes.
- Señora Presidenta, **salga** por esta puerta, por favor.

When the imperative form is used with object pronouns, the pronoun is placed after an affirmative verb but before a negative.

Ejemplos:
- Señore Serna, traiga su pasaporte, por favor. → Señore Serna, tráiga**lo**. / Señore Serna, no **lo** traiga.
- Chicos, abran sus libros, por favor. → Chicos, ábran**los**. / Chicos, no **los** abran.
- Compañeros, digan sus nombres a nosotros. → Compañeros, dígan**nos** sus nombres, por favor. / Compañeros, no **nos** digan sus nombres, por favor.

PRÁCTICA

Actividad 11.1

Read the following sentences and put the verbs in parentheses in the correct form of the imperative mood (formal). Where indicated, add the pronouns for the objects placed after the verbs with a slash.

1. Amigas, (comer)_____ la sopa mientras está caliente.
2. Profesor, por favor, (empezar) _____ la clase.
3. Estimados visitantes, (seguir) _____ las instrucciones con cuidado.
4. Niños, (tener) _____ paciencia, la película empieza en 5 minutos.
5. Colegas, (ir) _____ a la sala de eventos número tres, por favor.
6. Chicas, (no jugar) _____ en la calle.
7. Estimados visitantes, por favor, (no hacer) _____ ruido en el museo.
8. Señora, (decir/a nosotros)_____ la verdad.
9. Querida María, (volver) _____ pronto a nuestra galería.
10. Doctore, (repetir) _____ las indicaciones, por favor.

Actividad 11.2

Una cita médica

Read the following dialogue and put the verbs in parentheses in the correct form of the imperative mood (formal). Where indicated, add the pronouns that have been placed after the verbs with a slash.

Doctor: Señor Acervo, es importante que siga mis instrucciones. Por favor, 1. (tomar)_____ los medicamentos que le receté una vez al día. 2. (Recordar)_____, para que no le suba la presión hay que tomarlos con regularidad. 3. (No olvidar)_____ que hay que tomar la medicina con comida.

Paciente: Muchas gracias, doctor. Por favor, 4. (recordar/a mí)_____ a qué hora tengo que tomar la medicina.

Doctor: 5. (Tomar/la)_____ en la noche, como a las 7, con la cena.

Paciente: Ah, sí, gracias. ¿Y cuándo tengo que regresar para la segunda cita?

Doctor: 6. (Venir)_____ a verme dentro de dos semanas. Por favor, 7. (agendar)_____ la cita con la asistente médica.

Paciente. Sí, doctor, muchas gracias. Nos vemos en dos semanas entonces.

Actividad 11.3

Consejos para viajeros

Read this paragraph and fill in the blanks with the imperatives from the list below.

explórenlas   no contaminen   contribuyan   aprendan

mantengan   conozcan   sigan

Querides lectores:

Si quieren viajar al extranjero por su cuenta, 1. _____ estos tres simples consejos. Antes que nada, 2. _____ la mente abierta y 3. _____ a valorar otras costumbres y estilos de vida. Identifiquen las diferencias culturales y 4. _____. Segundo, visiten los lugares poco explorados por turistas. 5. _____ a la población local y adéntrense en sus espacios cotidianos. Y, por último, viajen de manera sostenible. 6. _____ los espacios que visitan y 7. _____ al comercio local. Con estos consejos simples, seguramente van a disfrutar de sus viajes al máximo.

Actividad 11.4

Mi asistente

You are a manager at a financial institution. Look at the list of tasks below and email your assistant to ask him/her/them to finish them today. In your email, include verbs in the affirmative and negative forms of the imperative mood (formal) as well as connectors such as *además, luego, cuando, finalmente*, etc.

Ejemplo: Hola, Marco. Por favor, **mande** un correo electrónico al supervisor para recordarle que tenemos una reunión el viernes. **No olvide** hacerlo hoy.

Actividades:

- Revisar el correo electrónico.
- Anotar los mensajes telefónicos.
- Enviar un paquete a Montevideo.
- Posponer la reunión con el director.
- Agendar una reunión con colegas.

Actividad 11.5

Una consulta

Complete this activity with a partner.

Estudiante A: You are seeing a dietician to discuss your lifestyle and weight. Ask questions and request a plan to achieve your goals. Use verbs in the imperative mood (formal).

<u>Estuidiante B:</u> You are a dietician. Listen to your patient's concerns, ask questions, and give advice with verbs in the imperative mood (formal).

B. EL IMPERATIVO: INFORMAL

In Spanish, the imperative mood is used to give instructions, advice, permission, etc. The verb forms below are used in informal settings.

IMPERATIVO: INFORMAL			
	-ar	**-er**	**-ir**
tú	trabaj**a**	com**e**	abr**e**
	no trabaj**es**	no com**as**	no abr**as**
vosotros/as/es	trabaj**ad**	com**ed**	abr**id**
	no trabaj**éis**	no com**áis**	no abr**áis**
vos	trabaj**á**	com**é**	abr**í**
	no trabaj**és**	no com**ás**	no abr**ás**

Ejemplos:
- Silvia, abr**e** la puerta, por favor.
- Chicos, habl**ad** más lentamente, por favor.

In regions where **vos** is used instead of or along with **tú**, such as Argentina and Uruguay, the verb drops the **-r** ending and has an accent on the last vowel in the affirmative form.

Ejemplos:
- llamar: (vos) Llam**á** a tu madre.
- comer: (vos) Com**é** la sopa.
- abrir: (vos) Abr**í** la puerta.

In the negative form, the conjugation is the same as for **tú**, but there is an accent on the last vowel.

Ejemplos:
- hablar: (tú) No hables con ella. (vos) No habl**és** con ella.
- comer: (tú) No comas mucho. (vos) No com**ás** mucho.
- abrir: (tú) No abras la puerta. (vos) No abr**ás** la puerta.

Some verbs have irregular endings in the negative **tú** form.

> Verbs ending in **-gar**: pagar: no pa**gues**
> Verbs ending in **-ger**: escoger: no esco**jas**
> Verbs ending in **-car**: aparcar: no apar**ques**
> Verbs ending in **-zar**: cruzar: no cru**ces**

Ejemplos:
- Julio, no pa**gues** en efectivo.
- Marco, no esco**jas** esa camisa.
- Papá, no apar**ques** en el garaje.
- Javier, no cru**ces** la calle.

Some verbs have a stem change when used in the **tú** form.

> e → ie: cerrar: c**ie**rra
> e → i: pedir: p**ide**
> o → ue: dormir: d**ue**rme
> u → ue: jugar: j**ue**ga

Ejemplos:
- Mamá, no c**ie**rres la puerta.
- Armando, p**i**de ayuda.
- Hijo, no d**ue**rmas en el autobús.
- Sebastián, j**ue**ga con tu hermano.

Some verbs have both a stem change and an irregular ending when used in the negative **tú** form.

Ejemplos:
- comenzar: Julio, no com**ie**nces tarde, por favor.
- regar: Abuela, no r**ie**gues las plantas, por favor.

Some verbs have irregular forms in the imperative mood. Here are some examples.

IMPERATIVO INFORMAL: VERBOS IRREGULARES									
	dar	**decir**	**hacer**	**ir**	**saber**	**salir**	**ser**	**tener**	**venir**
tú	da	di	haz	ve	sabe	sal	sé	ten	ven
	no des	no digas	no hagas	no vayas	no sepas	no salgas	no seas	no tengas	no vengas
vosotros/ as/es	dad	decid	haced	id	sabed	salid	sed	tened	venid
	no deis	no digáis	no hagáis	no vayáis	no sepáis	no salgáis	no seáis	no tengáis	no vengáis

Ejemplos:
- Sonia, no **seas** impaciente.
- Lucía, **ven** conmigo, por favor.
- Marco y Julio, no **salgáis** a la calle.

In regions where *voseo* is used, verbs with irregular tú commands such as **di, sal, ven, ten, haz, pon,** and **oye** are conjugated as follows: **decí, salí, vení, tené, hacé, poné,** and **oí**.

Ejemplos:
- venir: (vos) Ven**í** a verme.
- hacer: (vos) Hac**é** tu tarea.

When the imperative form is used with object pronouns, the pronoun is placed after an affirmative verb but before a negative.

Ejemplos:
- Raúl, trae tu <u>pasaporte</u>, por favor. → Raúl, tráe**lo**. / Raúl, no **lo** traigas.
- Elvira, busca los <u>libros</u>, por favor. → Elvira, búsca**los**. / Elvira, no **los** busques.
- Compañeros, decid sus nombres <u>a nosotros</u>. → Compañeros, decid**nos** sus nombres, por favor. / Compañeros, no **nos** digáis sus nombres, por favor.

PRÁCTICA

Actividad 11.6

Read the following sentences and put the verbs in parentheses in the correct form of the imperative mood (informal). Where indicated, add the pronouns for the objects placed after the verbs with a slash.

Paso 1.

1. Amanda, (tomar)_____ tu bolígrafo.
2. Antonio, (corregir)_____ los errores.
3. Juan y Alicia, (indicar)_____ las respuestas, por favor.
4. Chicos, (vosotros/hablar)_____ con vuestros profesores.
5. Mónica, (cerrar)_____ las ventanas, por favor.
6. Natalia, (recoger)_____ tu ropa, por favor.
7. Amigos, (vosotros/esperar/a mí)_____,
8. Mamá, (dar/a mí) _____ una manzana, por favor.
9. Niños, (vosotros/ir) _____ a la clase.
10. Vos (descansar) _____.

Paso 2.
Now put all the sentences in the negative form.

Actividad 11.7

Quehaceres

You are going on a vacation. Leave your roommate a note with a list of chores he/she/they should do. Use verbs in the affirmative and negative forms of the imperative mood (informal). Include connectors such as *luego, después de,* and *antes de.*

Ejemplo: Emilio, por favor, no dej**es** tu ropa en la sala. Después de recogerla, sac**a** la basura.

Quehaceres:

• barrer
• pasar la aspiradora
• fregar el piso
• quitar el polvo
• lavar los platos

Actividad 11.8

Quesadilla de pollo

Read this recipe and put the verbs in the affirmative or negative forms of the imperative mood (informal). Where indicated, add the pronouns for the objects placed after the verbs with a slash.

Esta es una receta fácil que te va a encantar. Primero, 1. (pelar)_____
una cebolla y 2. (lavar)_____ un pimiento rojo; 3. (cortar/los)_____
en trocitos. Luego, en una sartén, 4. (calentar)_____ una cucharada de
aceite de oliva y 5. (agregar)_____ la cebolla y el pimiento. Cuando las
verduras estén blandas, 6. (incorporar)_____ dos pechugas de pollo
troceadas y 7. (seguir)_____ cocinándolo todo hasta que el pollo esté
listo. 8. (No olvidar) _____ echar sal y pimienta. Después de preparar
las verduras, 9. (poner)_____ cuatro tortillas en una sartén sin aceite.
10. (Añadir)_____ dos cucharas de pollo con verduras sobre cada tor-
tilla y 11. (cubrir/las)_____ con queso rallado. 12. (Doblar)_____
las tortillas y 13. (mantener/las) _____ en la sartén a medio fuego unos
minutos para que se derrita el queso. 14. (No dejar)_____ de darle
vueltas a las quesadillas para que se doren de los dos lados. Finalmente,
15. (quitar)_____ las tortillas de la sartén y 16. (disfrutar/las)_____.

Actividad 11.9

Busco trabajo

Your friend is looking for a job. Give him/her/them advice in the imperative
mood (informal). Write about seven sentences.

Vocabulario útil:

- curriculum
- carta de recomendación
- reclutador
- entrevista
- oferta de trabajo
- seguro médico
- fondo de ahorros

Actividad 11.10

Vacaciones

Complete this activity with a partner.

Paso 1. With a partner, divide the two roles and do a role play.

<u>Estudiante A</u>. Your friend wants to travel to a place you love. Explain why you love it and tell your friend what he/she/they can do there. Think of tourist attractions and activities. Use verbs in the affirmative and negative forms of the imperative mood (informal).

<u>Estudiante B</u>. You want to travel to a place that your friend is familiar with. Ask questions to gather information about what to do there.

Paso 2. Switch roles.

¿SABÍAS QUE...?

Antes de leer.

Answer the following questions. Share your opinions with the class.

1. ¿Te gusta viajar? ¿Qué tipo de actividades te gusta hacer cuando viajas?
2. ¿Has viajado a algún país de habla hispana? Si la respuesta es afirmativa, ¿qué te gustó más de todo lo que viste?
3. Piensa en Argentina y, más concretamente, en Buenos Aires. Escribe dos o tres cosas que sepas del lugar.

A leer.

Ideas para recorrer Buenos Aires

trentemoller / shutterstock

Conocida por su bella y variada arquitectura, su intensa vida social y cultural, su población multicultural con una fuerte influencia europea, su música excepcional y su exquisita gastronomía, Buenos Aires es una de las ciudades más importantes y atractivas de Latinoamérica. Aquí les damos algunos consejos para no perderse nada de esta ciudad.

Los locales dicen que la mejor forma de conocer la ciudad es tomando el metro, o "subte", porque es rápido y lo lleva prácticamente a cualquier parte. Comience su visita en la Plaza de Mayo para aprender sobre la batalla de la Revolución argentina y conocer la famosa Casa Rosada, que es la sede de la Presidencia de Argentina. En esta plaza, también se dan las reuniones de Las Madres de Plaza de Mayo, la asociación argentina que se formó durante la dictadura de Jorge Rafael Videla para recuperar a miles de desaparecidos, y que hasta hoy en día sigue pidiendo justicia por tantos casos sin resolver.

El desarrollo cultural de Buenos Aires se aprecia en la gran variedad de museos, monumentos históricos y teatros que se encuentran en la ciudad. Desde la Plaza de Mayo, diríjase a conocer el Teatro Colón, uno de los mejores teatros líricos del mundo. Los amantes de la música pueden asistir a los múltiples espectáculos que ofrece este renombrado teatro: óperas, ballet, orquestas y, por supuesto, tango, la modalidad artística argentina más conocida, que, por sus características excepcionales, fue declarada Patrimonio Cultural Inmaterial de la Humanidad por la UNESCO.

Aunque parezca extraño para algunos, recomendamos que visite también el Cementerio de La Recoleta, cuyos impresionantes mausoleos y bóvedas de mármol lo convierten en atractivo turístico popular. Allí yacen los restos de muchas personas adineradas e influyentes de la historia del país. La zona alrededor del cementerio se conoce por su importancia histórica y arquitectónica y también por sus áreas verdes, así que pasee con calma y disfrute del lugar. Después, tome el metro con dirección norte para llegar hasta Palermo, una de las zonas más elegantes de la ciudad, donde encontrará casas con terraza y calles empedradas. Entre también en algunas de las mejores tiendas del mundo o tome un buen café para recargar energías y, si puede, regrese por la noche y disfrute de los mejores bares y vida nocturna en Palermo Hollywood. Aproveche para ver un espectáculo de tango o deléitese con una copa de Malbec argentino.

Muchos visitan Buenos Aires para hacer compras. Si le gustan los diseñadores internacionales, visite las calles Florida y Lavalle en el área centro, pero si prefiere una experiencia más local, recorra las pequeñas tiendas de Palermo Soho y Palermo Viejo. Puerto Madero, por otra parte, es el distrito perfecto para tomar fotos con la ciudad de fondo; reserve una mesa en uno de sus muchos restaurantes en la marina y disfrute de los mejores mariscos de la capital. Finalmente, no se olvide de ver un partido de fútbol. Tome dirección a La Boca, zona además conocida por sus casas de colores vibrantes y su influencia italiana, y saque boletos para ver jugar al equipo de Boca Juniors, sin duda una experiencia inolvidable.

Después de leer.

1. ¿Por qué crees que Buenos Aires se considera una de las ciudades más diversas de América Latina?
2. Según el texto, ¿cuál es la mejor manera de recorrer la ciudad y por qué?
3. ¿Qué exige el grupo Las Madres de Plaza de Mayo?
4. ¿Qué ejemplos de la rica vida cultural de Buenos Aires se dan en el texto?
5. ¿Por qué se recomienda visitar uno de los cementerios de la ciudad?
6. ¿Por qué crees que a Buenos Aires a veces se le llama la París de Latinoamérica?
7. Busca en internet información sobre Boca Juniors y sus rivales. Anota algunos datos que te parezcan interesantes.
8. ¿Qué lugares en Buenos Aires te gustaría visitar? ¿Por qué?

A ESCRIBIR
Paso 1. La composición
Antes de escribir.
Choose a city in Spain or Latin America that you would like to visit. Research it online and fill out the table below:

Ciudad	
Clima y mejor temporada para visitar	
Medio de transporte para explorar la ciudad	
Atractivos principales	
Lugares que visitar y actividades al aire libre	
Gastronomía	
Otras actividades	

A escribir.

Now read the prompt below and write a composition. In your composition, include some of these connectors for cohesion.

primero	first
después	after/later/then
por otro lado	on the other hand
también	also
además	moreover
sin embargo	however
no obstante	nonetheless

Una guía de viaje. Based on "Ideas para recorrer Buenos Aires" and using the information you gathered, write a brief travel guide for prospective visitors. Include the imperative mood for "Uds." (formal plural commands) to give advice on what visitors should see, do, eat, etc. Include a variety of verbs and write about 10 sentences.

Después de escribir.

Proofread your composition:

· Did you conjugate formal commands correctly?
· Did you use a variety of verbs?
· Did you include at least three connectors from the list?

Paso 2. Trabajo en pareja

Work with a partner to review each other's composition and give each other feedback.

1. Share your composition with your partner. As you read your partner's work, focus on the following:

· Have the ideas been developed fully? If not, provide suggestions to make it more comprehensive.
· Are appropriate connectors used to link ideas? If not, offer some examples to enhance cohesion.
· Are formal commands used correctly? If not, underline the verbs with errors.

Once you have completed these steps, return the composition to your partner.

2. Look closely at your composition, noting the marked errors and reflecting on your partner's suggestions. Ask your instructor if you have any questions. Then rewrite it, taking into account your partner's feedback and correcting all grammatical errors. Hand in the final draft to your instructor.

¡Has aprendido mucho! ¡Enhorabuena!

CHAPTER 11 ANSWER KEY

Actividad 11.1
1. coman
2. empiece
3. sigan
4. tengan
5. vayan
6. no jueguen
7. no hagan
8. díganos
9. vuelva
10. repita

Actividad 11.2
1. tome
2. Recuerde
3. No olvide
4. recuérdeme
5. Tómela
6. Venga
7. agende

Actividad 11.3
1. sigan
2. mantengan
3. aprendan
4. explórenlas
5. Conozcan
6. No contaminen
7. contribuyan

Actividad 11.6
1. toma / no tomes
2. corrige / no corrijas
3. indicad, indiquen / no indiquéis, no indiquen
4. hablad / no habléis
5. cierra / no cierres
6. recoge / no recojas

7. esperadme / no me esperéis
8. dame / no me des
9. id / no vayáis
10. descansá / no descansés

Actividad 11.8

1. pela
2. lava
3. córtalos
4. calienta
5. agrega
6. incorpora
7. sigue
8. No olvides
9. pon
10. Añade
11. cúbrelas
12. Dobla
13. mantenlas
14. No dejes
15. quita
16. disfrútalas

¿Sabías que...?

Después de leer.

1. Answers will vary.
2. El metro porque es la forma de transporte más rápida que nos lleva a prácticamente cualquier lugar de la ciudad.
3. El grupo Las Madres de Plaza de Mayo exige justicia para los desaparecidos durante la dictadura.
4. Museos, teatros, espectáculos, etc.
5. Se recomienda visitar el Cementerio de La Recoleta por su belleza y porque allí yacen los restos de personas importantes y famosas.
6. Answers will vary. Example: Por su población multicultural; arquitectura; vida cultural, social y nocturna; etc.
7. Answers will vary.
8. Answers will vary.

CAPÍTULO 12

EL PRETÉRITO

→ El pretérito: verbos regulares
→ El pretérito: verbos irregulares

A. EL PRETÉRITO: VERBOS REGULARES

| Ellas **operaron** al paciente. | Yo **cociné** un plato. | Él **hizo** un descubrimiento. |

In Spanish, the preterit is used to speak about actions or situations that occurred at a specific time in the past and to refer to completed actions in the past.[1]

Ejemplos:
- Hace un año **tomé** una clase de programación.
- Ayer **compramos** flores para mi madre.
- Diego Rivera **nació** en México.
- Mi amiga Susana **se casó**.

Below are the conjugations of regular verbs in the preterit.[2]

---

1. In addition to the masculine and feminine genders traditionally used in Spanish, this book includes one of the most commonly used non-binary pronouns, *elle*, and the grammar forms related to it. Please see Appendix 1 to learn more. It also describes the various uses of the second-person singular pronoun *vos* and the verb forms associated with it. Please see Appendix 2 to learn more.
2. See Appendix 2 for variations.

PRETÉRITO: VERBOS REGULARES			
	-ar (trabajar)	**-er** (comer)	**-ir** (vivir)
yo	trabaj**é**	com**í**	viv**í**
tú/vos	trabaj**aste**	com**iste**	viv**iste**
él, ella, elle, usted	trabaj**ó**	com**ió**	viv**ió**
nosotros/as/es	trabaj**amos**	com**imos**	viv**imos**
vosotros/as/es	trabaj**asteis**	com**isteis**	viv**isteis**
ellos, ellas, elles, ustedes	trabaj**aron**	com**ieron**	viv**ieron**

In negative sentences, **no** is placed before the verb.

Ejemplos:
- Yo **no** hablé con ella.
- Tú **no** comiste arroz ayer.
- Jimena **no** estudió psicología.

In interrogative sentences, the subject is usually placed after the verb.

Ejemplos:
- ¿<u>Llegó</u> **tu padre** contigo?
- ¿Cuándo <u>llamó</u> **el profesor**?
- ¿Por qué <u>cambiaron</u> **ustedes** de opinión?

PRÁCTICA

Actividad 12.1

Complete the following sentences with the correct forms of the verbs in the preterit.

1. Mi madre (cocinar) _____ un platillo delicioso.
2. Nosotres (bailar) _____ toda la noche.
3. La profesora (no explicar) _____ el tema.
4. Lucía me (preguntar) _____ sobre ti.
5. Vos (no aceptar) _____ mi propuesta.
6. Sergio, ¿cuándo (terminar) _____ tus clases?
7. Niños, ¿(ayudar) _____ a su hermanita?
8. Marco, ¿(mirar) _____ las noticias hoy?
9. Al final, ellas (no necesitar) _____ mi ayuda.
10. Ayer yo (no salir) _____ de la casa.

Actividad 12.2

De familia

Complete the following text with the correct forms of the verbs in the preterit.

Ayer fue un día muy especial. 1. (Casarse) _____ mi hermana mayor. Ella 2. (conocer) _____ a su futuro esposo en la universidad y 3. (enamorarse) _____ de él inmediatamente. Después de la universidad, los dos 4. (trabajar) _____ unos años en una empresa de ingeniería. Luego ellos 5. (decidir) _____ viajar al extranjero. 6. (Vivir) _____ en Inglaterra dos años. Después de vivir en Inglaterra, 7. (regresar) _____ a Mérida para estar cerca de la familia. Mi cuñado 8. (encontrar) _____ un puesto en una compañía de construcción, y mi hermana 9. (dedicarse) _____ al diseño gráfico. Ahora están muy felices.

Actividad 12.3

Answer the following questions in the preterit.

1. ¿A qué hora te despertaste hoy?
   _____

2. ¿Desayunaste en la mañana?
   _____

3. ¿A qué hora acabaron tus clases ayer?
   _____

4. ¿Cuándo limpiaste tu cuarto?
   _____

5. ¿Llamaste a algún amigo en las últimas horas?
   _____

6. ¿Visitaste a tus abuelos el año pasado?
   _____

7. ¿Cuándo regresaste de vacaciones?
   _____

Actividad 12.4

En la mañana

Use the verbs from the list to explain what you did before your morning class.

despertarse   ducharse   tomar café   cepillarse los dientes
peinarse   correr a la clase

Actividad 12.5

Hoy

Complete this activity with a partner.

Paso 1. Talk to your partner about what you did today. Ask each other questions to gather as much information as possible. Use the verbs below and questions such as *¿a qué hora?, ¿con quién?,* and *¿cuándo?* Take notes as you speak; you will need them for the next activity.

> despertarse   desayunar   salir   trabajar
> estudiar   regresar   acostarse

Paso 2. Write some of the things that you both did today.

Ejemplo: Los dos nos despert**amos** temprano.

B. EL PRETÉRITO: VERBOS IRREGULARES

Irregular verbs are those whose conjugation does not follow a predictable pattern.

Some verbs have a stem change when used in the preterit.

> e → i: pedir, seguir, servir, vestir
>   pedir: pedí, pediste p**i**dió, pedimos, pedisteis, p**i**dieron
> e → y: caer, construir, leer, oír
>   leer: leí, leíste, le**y**ó, leímos, leísteis, le**y**eron
> o → u: dormir, morir
>   dormir: dormí, dormiste, d**u**rmió, dormimos, dormisteis, d**u**rmieron

Some verbs have irregular endings in the **yo** form of the preterit.

> Verbs ending in **-car**: aparcar: yo apar**qué**
> Verbs ending in -**gar**: pagar: yo no pa**gué**
> Verbs ending in **-zar**: cruzar: yo cru**cé**

Below are some of commonly used irregular verbs in the preterit.

PRETÉRITO: VERBOS IRREGULARES								
	decir	**estar**	**hacer**	**ir/ser**	**poder**	**tener**	**traer**	**querer**
yo	dije	estuve	hice	fui	pude	tuve	traje	quise
tú/vos	dijiste	estuviste	hiciste	fuiste	pudiste	tuviste	trajiste	quisiste
él, ella, elle, usted	dijo	estuvo	hizo	fue	pudo	tuvo	trajo	quiso
nosotros/as/es	dijimos	estuvimos	hicimos	fuimos	pudimos	tuvimos	trajimos	quisiste
vosotros/as/es	dijisteis	estuvisteis	hicisteis	fuisteis	pudisteis	tuvisteis	trajisteis	quisisteis
ellos, ellas, elles, ustedes	dijeron	estuvieron	hicieron	fueron	pudieron	tuvieron	trajeron	quisieron

Note that **ir** and **ser** have the same forms in the preterit.

Ejemplos:
- Ayer Julio **fue** al cine. (**ir**)
- El concierto **fue** espectacular. (**ser**)

PRÁCTICA

Actividad 12.6

¡Qué susto!
Complete the following text with the words from the list.

> leyó   no quiso   se sintió   siguió   pedí   se vistió

Ayer mi hijo estuvo enfermo. 1. _____ mal todo el día; 2. _____ comida ni bebida en todo el día. Preocupada, 3. _____ hablar con su pediatra y me dijo que fuéramos al hospital de inmediato. Mi hijo no quería ir, pero al final 4. _____ y se metió en el coche. Por el camino, 5. _____ quejándose del dolor de estómago, pero luego se calmó y 6. _____ un libro de cómics. Cuando llegamos a la clínica, el pediatra lo examinó y dijo que era un resfriado. ¡Menos mal!

Actividad 12.7

Complete the following sentences with the correct forms of the verbs in the preterit.

1. Los estudiantes (no hacer) _____ la tarea hoy.
2. Lola y su amiga (tener) _____ que trabajar tarde.
3. Disculpe, nosotros (no traer) _____ los pasaportes.

4. ¿Vosotros (no poder) _____ ir de vacaciones este año?

5. Mamá, ¿dónde (poner) _____ mi mochila?

6. Teresa, ¿ya (ir) _____ al mercado?

7. ¿Dónde (estar) _____ ustedes ayer en la noche?

8. Hijo, ¿por qué (no querer) _____ ir a la piscina?

9. Ella le (pedir) _____ ayuda al policía.

10. Yo (cruzar) _____ la calle por el paso de peatones.

Actividad 12.8

Mi cumpleaños

You just celebrated your birthday at your favorite restaurant. Write a text message to your friend about it with the phrases below. Write about six sentences and use the preterit.

- ir a un restaurante
- pedir comida
- hacer un brindis
- dejar propina

Actividad 12.9

La Navidad

The Martinez family loves Christmas. What are some of the things that the members of this family did to prepare for their Christmas Eve celebration? Look at this picture to get ideas and write five sentences in the preterit.

Nicole Michalou / pexels

Actividad 12.10

El fin de semana

Complete this activity with a partner.

Paso 1. Talk to your partner about what he/she/they did last Saturday. Ask questions to complete the table below. In your conversation, use the preterit.

	por la mañana	por la tarde	por la noche
¿qué?			
¿dónde?			
¿con quién?			

Paso 2. Switch roles.

Paso 3. Compare your weekend to that of your partner and write two things you have in common.

Actividad 12.11

Read the following text.

Titanic

Titanic, una de las películas dramáticas más conocidas, narra la historia del naufragio del barco de pasajeros más grande del mundo en su tiempo. Los protagonistas de la película son dos jóvenes, Jack y Rose, cuya relación es imposible porque pertenecen a diferentes clases sociales. Jack y Rose se conocieron y se enamoraron a bordo de este barco trasatlántico. Tras chocar contra un iceberg, el Titanic se hundió, matando a miles de personas, entre ellas, a Jack. El final de esta película despertó muchos debates. Algunos creían que Jack podría haber sobrevivido al naufragio porque había espacio en la tabla donde Rose esperó a que la rescataran; sin embargo Jack decidió permanecer dentro del agua.

Write an alternative ending to the movie. Imagine that after the Titanic sank, Rose and Jack used a door to stay afloat. That piece of wood held them until the rescue boat arrived. What happened next? How did their relationship develop? Did they stay together or go their separate ways? How were their lives? Write 6 to 10 sentences using the correct form of verbs in the preterit.

¿SABÍAS QUE...?
Antes de leer.

Answer the following questions. Share your opinions with the class.

1. ¿Eres un/a/e apasionado/a/e del mundo de la astronomía?
2. ¿Estás al tanto de todos los proyectos espaciales de NASA?
3. ¿Crees que la participación de mujeres en proyectos espaciales ha sido igualitaria a lo largo de la historia? ¿Por qué?

A leer.

Diana Trujillo: Una historia en el espacio

Fueron 7 minutos de incertidumbre. En esos minutos, el Perseverance atravesó con éxito la fina atmósfera del planeta rojo y descendió a la superficie rocosa del cráter en Marte que conocemos con el nombre de Jezero. Desde el momento en que el "rover" tocó suelo marciano, se convirtió en el quinto vehículo que había logrado semejante hazaña. La misión del Perseverance era un tanto particular, ya que llegó con la intención de descubrir signos de vida pasada en el planeta vecino. Sin embargo, esto no fue lo único especial de esta misión, ya que la directora encargada de aterrizar la nave en Marte, Diana Trujillo, guarda una historia personal como pocas otras.

La científica colombiana no lo tuvo nada fácil para llegar hasta la sala de control. Según confesó, ella llegó sola a Estados Unidos hace poco más de 20 años sin hablar inglés y con tan sólo $300 en el bolsillo. Su principal objetivo fue no morirse de hambre, y por ello buscó trabajo inmediatamente. Se dedicó a limpiar casas para poder reunir el dinero suficiente para pagarse sus estudios. En una entrevista al periódico *El Espectador*, Diana Trujillo admitió que no sabía qué carrera quería cursar hasta que encontró una revista en la Universidad de Florida en la que se listaban todas las mujeres que habían sido astronautas hasta ese momento. Fue entonces cuando decidió qué rumbo tomar.

Una vez encaminados sus intereses, Trujillo se animó a presentarse al programa de la Academia de la NASA, donde se convirtió en la primera mujer inmigrante de origen hispano en ser admitida. Fue una de las únicas dos personas que finalmente obtuvieron un empleo en la NASA. Tras una larga trayectoria, finalmente se la seleccionó como directora de vuelo de la misión Perseverance, y así fue como se encargó de relatar el aterrizaje de la nave en Marte. De hecho, gracias a ella se consiguió otro hito importante que debe ser mencionado: se narró por primera vez el aterrizaje de una nave de la NASA en directo y en español.

Después de leer.

1. ¿Fue la misión del "rover" la primera que desarrolló la NASA en Marte? Explica tu respuesta.
2. ¿Qué hace esta misión doblemente especial y diferente de las otras?
3. ¿De dónde es originaria Diana Trujillo? ¿Dónde vive ahora?
4. ¿Fueron sus comienzos fáciles? ¿Por qué?
5. ¿Crees que se distinguió para ser directora de este proyecto desde el inicio de su carrera? ¿Por qué?
6. ¿Qué te llamó más la atención de la historia de Trujillo?
7. ¿Crees que es una figura que inspire a otras personas en general y a mujeres en particular? ¿Por qué?

A ESCRIBIR
Paso 1. La composición
Antes de escribir.
Los humanos en el espacio. Complete the following sentences with a verb from the list. Conjugate the verb in the preterit.

ser   volar   descubrir   tener lugar   pilotar
dar   poner   seleccionar   convertirse

a) La primera mujer que 1._____ una nave espacial fue Eileen M. Collins en 1999, pero la primera mujer que 2. _____ al espacio fue la soviética Valentina Tereshkova, en cuya misión 3._____ _____ 48 vueltas al planeta Tierra.
b) La tripulación del Apolo 11 4._____ un nuevo mineral llamado Armalcolite. Los astronautas le 5._____ ese nombre porque es una combinación de sus nombres: ARMstrong, ALdrin y COLLins.
c) Apolo 7, la primera misión de Apolo pilotada, 6._____ el 11 y el 12 de octubre de 1968.
d) La NASA 7._____ al costarricense Franklin Chang Díaz en 1980 para ser astronauta en una de sus misiones. Chang 8._____ así en el primer astronauta hispano, aunque el primer hispano en volar alrededor de la órbita terrestre 9._____ el cubano Arnaldo Tamayo Méndez.

A escribir.

Now read the prompt below and write a composition. In your composition, include some of these connectors for cohesion.

primero	first
después	after/later/then
por un lado	on one hand
por otro lado	on the other hand
también	also
además	moreover
sin embargo	however
no obstante	nonetheless

Un viaje al Planeta X. Imagine that you just came back from a space mission. Write a report for your superior with information about how you spent your days in space. Include the following:

· When you left and when you returned.
· The activities you performed while on the mission (research, food, work tasks, leisure activities, etc.).
· The challenges you faced.
· An important discovery that you made.
· What you learned from this experience.

Use the preterit and write about 10 sentences.

Después de escribir.

Proofread your composition:

· Did you conjugate the verbs in the preterit correctly?
· Did you include at least three connectors from the list?

Paso 2. Trabajo en pareja

Work with a partner to review each other's composition and give each other feedback.

1. Share your composition with your partner. As you read your partner's work, focus on the following:

- Have the ideas been developed fully? If not, provide suggestions to make it more comprehensive.
- Are appropriate connectors used to link ideas? If not, offer some examples to enhance cohesion.
- Are verbs conjugated correctly in the preterit tense? If not, underline the verbs with errors.

Once you have completed these steps, return the composition to your partner.

2. Look closely at your composition, noting the marked errors and reflecting on your partner's suggestions. Ask your instructor if you have any questions. Then rewrite it, taking into account your partner`s feedback and correcting all grammatical errors. Hand in the final draft to your instructor.

¡Has aprendido mucho! ¡Enhorabuena!

CHAPTER 12 ANSWER KEY

Actividad 12.1

1. cocinó
2. bailamos
3. no explicó
4. preguntó
5. no aceptaste
6. terminaron
7. ayudaron/ayudasteis
8. miraste
9. no necesitaron
10. no salí

Actividad 12.2

1. Se casó
2. conoció
3. se enamoró
4. trabajaron
5. decidieron
6. Vivieron
7. regresaron
8. encontró
9. se dedicó

Actividad 12.3

1. Me desperté....
2. (No) desayuné....
3. Acabaron....
4. Limpié....
5. (No) llamé....
6. (No) visité....
7. Regresé....

Actividad 12.6

1. Se sintió
2. no quiso
3. pedí
4. se vistió

5. siguió
6. leyó

Actividad 12.7

1. no hicieron
2. tuvieron
3. no trajimos
4. no pudisteis
5. pusiste
6. fuiste
7. estuvieron
8. no quisiste
9. pidió
10. crucé

¿Sabías que...?

Después de leer.

1. No. Fue la quinta.
2. Es diferente y especial por dos razones: la intención de descubrir signos de vida pasada en el planeta vecino y el logro de Diana Trujillo.
3. Es de Colombia, pero ahora vive en los Estados Unidos.
4. No. Tuvo que hacer muchos trabajos para no pasar hambre.
5. Sí, porque Diana Trujillo fue una de las dos únicas personas que finalmente obtuvieron un empleo en la NASA.
6. Answers will vary.
7. Answer will vary.

A escribir.
Antes de escribir.

1. pilotó
2. voló
3. dio
4. descubrió
5. pusieron
6. tuvo lugar
7. seleccionó
8. se convirtió
9. fue

CAPÍTULO 13

EL IMPERFECTO

| Cuando **era** niña, yo **tenía** muchos amigos. | Antes, mis abuelos **vivían** en una casa de campo. |

In Spanish, the imperfect is used to speak about habitual or repeated actions that occurred in the past, as well as to describe people, places and objects. It is also used to refer to actions that occurred over an extended period of time, without specific indication of when they started or ended.

Below are the conjugations of regular verbs in the imperfect.[1]

IMPERFECTO: VERBOS REGULARES			
	-ar (trabajar)	**-er** (comer)	**-ir** (vivir)
yo	trabaj**aba**	com**ía**	viv**ía**
tú/vos	trabaj**abas**	com**ías**	viv**ías**
él, ella, elle, usted	trabaj**aba**	com**ía**	viv**ía**
nosotros/as/es	trabaj**ábamos**	com**íamos**	viv**íamos**
vosotros/as/es	trabaj**abais**	com**íais**	viv**íais**
ellos, ellas, elles, ustedes	trabaj**aban**	com**ían**	viv**ían**

---

1. In addition to the masculine and feminine genders traditionally used in Spanish, this book includes one of the most commonly used non-binary pronouns, *elle*, and the grammar forms related to it. Please see Appendix 1 to learn more. It also describes the various uses of the second-person singular pronoun *vos* and the verb forms associated with it. Please see Appendix 2 to learn more.

The imperfect is used to refer to habitual or repeated actions in the past.

Ejemplos:
- Cuando era niño, **acompañaba** a mi madre a la iglesia cada domingo.
- En la escuela, **hacíamos** tarea todos los días.

The imperfect is used to refer to actions that occurred over an extended period of time, without specific indication of when they started or ended.

Ejemplos:
- Los pueblos indígenas **cultivaban** una gran variedad de maíz.
- Pablo Picasso **creaba** pinturas, ilustraciones y grabados, y también **hacía** cerámica y escultura.

The imperfect is used to describe characteristics, conditions, and feelings in the past.

Ejemplos:
- La casa de mis abuelos **tenía** ventanas grandes.
- Aquel día **hacía** mucho frío.
- Ana **sonreía** porque **se sentía** muy contenta.

The imperfect is used to refer to actions that were interrupted while in progress.

Ejemplos:
- Nosotras **comíamos** cuando llegaron mis padres.
- Mi madre **trabajaba** cuando sonó el teléfono.

The imperfect is used to refer to time, dates, and ages in the past.

Ejemplos:
- Cuando empecé a trabajar, **eran** las 2 de la tarde.
- **Era** el 10 de noviembre.
- ¿Cuántos años **tenías** vos en el segundo grado de la escuela?

In negative sentences, **no** is placed before the verb.

Ejemplos:
- De joven, mi madre **no** salía mucho.
- En la preparatoria, nosotros **no** teníamos mucha tarea.

In interrogative sentences, the subject is usually placed after the verb.

Ejemplos:
- En aquella época, ¿venían **ellos** a tu casa?
- ¿Cuánto costaba **la gasolina** antes?

There are only three irregular verbs in the imperfect.

IMPERFECTO: VERBOS IRREGULARES			
	ver	ser	ir
yo	veía	era	iba
tú/vos	veías	eras	ibas
él, ella, elle, usted	veía	era	iba
nosotros/as/es	veíamos	éramos	íbamos
vosotros/as/es	veíais	erais	ibais
ellos, ellas, elles, ustedes	veían	eran	iban

PRÁCTICA

Actividad 13.1

Complete the following sentences with the correct forms of the verbs in the imperfect.

1. Cuando era pequeña, siempre (compartir) _____ mi almuerzo con mi amiga.
2. Antes, mi hermane (no comer) _____ mariscos.
3. Norberto, ¿vos (fumar) _____ en la escuela?
4. En aquel entonces, nosotros (vivir) _____ con nuestros padres.
5. A los 60 años, mi abuela (no ver) _____ bien.
6. Mario, ¿qué (hacer) _____ vos antes de trabajar como arquitecto?
7. Antes de tener hijos, mis padres (ir) _____ de paseo cada noche.
8. La profesora no nos (dejar) _____ tarea para los fines de semana.
9. Mi teléfono viejo (no funcionar) _____.
10. Marta y Pablo (ser) _____ los más rápidos en el equipo.

Actividad 13.2

Cena familiar

Mrs. García used to host a family dinner every Sunday. Look at this picture and explain how she used to prepare. Answer the following questions in the imperfect.

¿Qué carne cocinaba?

¿Qué ensalada preparaba?

¿Qué bebidas servía para los adultos?

¿Qué bebidas compraba para los niños?

¿Qué cubiertos ponía?

¿Cuántas personas esperaba?

Actividad 13.3

Carnavales

Complete the following text with the correct forms of the verbs in the imperfect. Use appropriate object and reflexive pronouns. Where applicable, objects are indicated after the verb by a slash.

Cuando 1. (ser)_____ pequeña, 2. (encantar/a mí) _____ todas las celebraciones, pero, sobre todo, los carnavales. Durante una semana entera, mi familia y mis amigos 3. (reunirse) _____ para participar en procesiones y bailes. Algunos 4. (disfrazarse) _____ y otros 5. (tocar) _____ _____algún instrumento. 6. (Ser) _____una época de mucha alegría. Siempre 7. (haber) _____ comida deliciosa y la gente 8. (bailar)_____ _____ en la calle. En la noche, 9. (explotar) _____ los fuegos artificiales, pero yo no 10. (tener) _____miedo; al contrario, me 11. (fascinar) _____ _____. ¡Cuánto lo extraño!

Actividad 13.4

Infancia

Complete this activity with a partner, using the imperfect.

Paso 1. Write five things that you used to do or like when you were a kid.

Paso 2. Ask your partner five questions to find out what he/she/they used to do or like as a child.

Paso 3. Write four sentences about the similarities and the differences that you identified between your childhood and that of your partner.

Actividad 13.5

Mis objetos favoritos eran....

Alex Ferreira is a Dominican singer who lived during his childhood and adolescence between New York, Miami, and Santo Domingo. His music was influenced by British pop of the 90s, folk music of the 60s, and Argentinian rock. Read about him online and complete the following activities.

Paso 1. Look up the song titled "Los discos daban vueltas." Listen to it and then find the lyrics.

Paso 2. Read the lyrics carefully and answer the following questions in Spanish with the imperfect.

1. ¿Qué cosas hacía el cantante con el objeto que describe?
2. ¿Para qué crees que los guardaba en orden alfabético?
3. ¿Por qué compraba uno nuevo si se le rayaba ese objeto?
4. ¿De qué objeto crees que hablaba Ferreira en la canción?

Paso 3. Compare your answers to those of a partner and share your findings with the class.

Paso 4. Think about two objects that you used to love when you were in high school. Write a brief description of them and how you typically used them.

Paso 4. Review your answers with a partner and determine whether you had anything in common when you were in high school. Share your findings with the class.

Actividad 13.6

Museo Diego Rivera-Anahuacalli

Throughout his life, the renowned Mexican muralist Diego Rivera amassed an impressive collection of about 50,000 pieces of pre-Hispanic art. Today, the Diego Rivera-Anahuacalli Museum, located in the south of Mexico City, houses more than 2,000 works representing Olmec, Toltec, and Aztec cultures, among others.

Paso 1. Explore the website of the Diego Rivera-Anahuacalli Museum. Then answer the following questions:

1. ¿Qué tipo de piezas coleccionaba Diego Rivera?
2. ¿Por qué crees que coleccionaba estas piezas?
3. ¿Dónde crees que las conseguía?
4. ¿Crees que Diego Rivera incluía imágenes o temática prehispánica en sus obras?

Paso 2. Look up information about Diego Rivera's paintings and murals. Write a brief summary about the influence of pre-Hispanic cultures on his work. Write about 10 sentences including verbs in the imperfect.

Paso 3. Work with a partner to discuss the information that you found online.

¿SABÍAS QUE...?
Antes de leer.

Answer the following questions. Share your responses with the class.

Yuganov Konstantin / shutterstock

1. ¿Dónde vivías cuando eras pequeño/a/e? ¿Cómo era tu casa?
2. ¿Qué talentos o aficiones tenías de niño/a/e?
3. ¿Qué actividades fuera de la escuela tenías durante tu infancia?

A leer.

Sara Ramírez

Sara Ramírez nació en Mazatlán, México. Allí vivía con su familia cuando su madre decidió mudarse a San Diego, California. Ramírez tenía una habilidad especial para el canto y la actuación desde su niñez, y debido a su talento, se le abrieron las puertas de las escuelas más importantes de los Estados Unidos. Primero fue estudiante en San Diego School of Creative and Performing Arts, y años más tarde, tomó una de las decisiones más importantes de su carrera artística al ingresar en la Julliard School de Nueva York.

Inició su trayectoria profesional en el teatro musical, y debutó en Broadway en 1998 con un papel en la obra *The Capeman*. En 2005, gracias a su trabajo en la comedia musical *Spamalot,* Ramirez ganó un premio Tony, el máximo galardón del teatro en Estados Unidos, en la categoría de "Mejor Actriz de un Musical". No obstante, el medio que la consagró a la fama fue la televisión; en 2006, empezó a interpretar a la doctora Callie Torres en el drama médico *Anatomía de Grey*. Mientras trabajaba en la famosa serie, Ramírez abrió una de las primeras conversaciones sobre sexualidad cuando su personaje se declaró abiertamente bisexual. De hecho, la doctora Torres se convirtió en el personaje LGBTQI+ con más apariciones en la historia de la televisión estadounidense al sumar un total de 240 episodios. Su vida televisiva corría paralela a su vida personal, ya que se definía activista en pro de los derechos de la comunidad LGBTQI+.

Diez años después de su primera aparición como Doctora Torres, Sara se declaró bisexual, confensando que la revelación era conocida por sus amigos y familiares, pero que sentía la necesidad de alzar su voz dado que los derechos de esta comunidad estaban en juego. Admitía que tenía miedo de que afectara negativamente a su carrera y de sufrir discriminación, pero que quería dar un paso adelante y ser un ejemplo para futuras generaciones. En 2020, por medio de su cuenta de Instagram, Ramírez se declaró no binarie: "En mí está la capacidad de ser un chico femenino, una chica masculina, una chica femenina. Todo y ninguno. No binarie".

Descendiente de padres inmigrantes y defensora de sus orígenes mexicano-irlandeses, Ramírez asegura estar profundamente dedicada a proyectos que den voz a los jóvenes para que puedan ejercer la libertad de género, raza, clase, orientación sexual, religión y estatus de ciudadanía. Indudablemente, continuará sorprendiendo al público con su talento artístico y seguirá usando su éxito profesional para promover una sociedad justa, diversa e igualitaria.

Después de leer.

1. ¿Cómo se destacaba Sara Ramírez durante su niñez?
2. ¿Qué camino tomó para formarse en canto y actuación?
3. ¿Cuáles son algunos de los ejemplos de su éxito profesional que se dan en el texto?
4. ¿Qué medio usó para anunciar que era no binarie? En tu opinión, ¿qué ventajas o desventajas tiene este medio de comunicación en ejemplos como este?
5. Analiza la declaración que hizo en Instagram: "En mí está la capacidad de ser un chico femenino, una chica masculina, una chica femenina. Todo y ninguno. No binarie". ¿Cómo interpretas lo que dice? ¿Te sientes identificado/a/e con alguna parte?
6. ¿Por qué el personaje de la doctora Torres marcó un hito importante en la historia de la televisión?
7. ¿Qué le preocupaba a Ramírez tras declararse bisexual?
8. ¿Cómo crees que va a aprovechar Ramírez su popularidad en el futuro? ¿Por qué?

A ESCRIBIR
Paso 1. La composición
Antes de escribir.
Match the two columns and conjugate the verbs in parentheses in the imperfect.

1. Pablo Picasso	a. Su abuela la _____ (llevar) con frecuencia a desfiles de moda en Caracas, Venezuela.
2. Lionel Messi	b. De niña, _____ (ir) a una escuela católica en Barranquilla, Colombia.
3. Shakira	c. De jóven, ella _____ (vestirse) como un chico para burlarse de las convenciones de género.
4. Carolina Herrera	d. Su padre _____ (ser) profesor de dibujo en la Escuela de Bellas Artes de Málaga, España.
5. Frida Kahlo	e. _____ (estar) tan unido a su abuela de pequeño, que en la actualidad todavía le dedica cada uno de los goles que marca.

A escribir.

Now read the prompt below and write a composition. In your composition, include some of these connectors for cohesion.

primero	first
después	after/later/then
por un lado	on one hand
por otro lado	on the other hand
por eso	that is why
también	also
además	in addition
sin embargo	however

Mi ídolo. Think about someone you admire. Read more about this person online and explain what he/she/they were like as a child; mention likes and dislikes, hobbies and talents, where he/she/they lived, etc. Use the imperfect in your composition (*habitual actions, characteristics, feelings*, etc.). Write about 10 sentences.

Después de escribir.

Proofread your composition:

- Did you use the imperfect tense in the appropriate context?
- Did you conjugate verbs in the imperfect correctly?
- Did you include at least three connectors from the list?

Paso 2. Trabajo en pareja

Work with a partner to review each other's composition and give each other feedback.

1. Share your composition with your partner. As you read your partner's work, focus on the following:

- Have the ideas been developed fully? If not, provide suggestions to make it more comprehensive.
- Are appropriate connectors used to link ideas? If not, offer some examples to enhance cohesion.
- Is the imperfect tense used in the appropriate contexts? If not, suggest the correct tense for the provided context.
- Are verbs conjugated correctly in the imperfect tense? If not, underline the verbs with errors.

Once you have completed these steps, return the composition to your partner.

2. Look closely at your composition, noting the marked errors and reflecting on your partner's suggestions. Ask your instructor if you have any questions. Then rewrite it, taking into account your partner's feedback and correcting all grammatical errors. Hand in the final draft to your instructor.

¡Has aprendido mucho! ¡Enhorabuena!

CHAPTER 13 ANSWER KEY

Actividad 13.1
1. compartía
2. no comía
3. fumabas
4. vivíamos
5. no veía
6. hacías
7. iban
8. dejaba
9. no funcionaba
10. eran

Actividad 13.3
1. era
2. me encantaban
3. se reunían
4. se disfrazaban
5. tocaban
6. Era
7. había
8. bailaba
9. explotaban
10. tenía
11. fascinaban

Actividad 13.5
Paso 2.

1. Los limpiaba, guardaba, organizaba por orden alfabético, etc....
2. Answers will vary. One possibility is: Para encontrarlos más rápido.
3. Answers will vary. One possibility is: Para poder escucharlos otra vez.
4. De un disco, LP.

¿Sabías qué...?

Después de leer.

1. Sara Ramírez tenía una habilidad especial para el canto y la actuación desde niña.
2. Ingresó en la Juilliard School de Nueva York.
3. Recibió el premio Tony en la categoría de "Mejor Actriz de un Musical"; logró fama en la televisión cuando empezó a interpretar a la doctora Callie Torres en el drama médico *Anatomía de Grey*.
4. Usó Instagram para declararse no binarie. Answers will vary.
5. Answers will vary.
6. Se convirtió en el personaje LGBTQI+ con más apariciones en la historia de la televisión estadounidense al sumar un total de 240 episodios.
7. Tenía miedo de que afectara negativamente a su carrera y de sufrir discriminación.
8. Answers will vary.

Antes de escribir.

1. d; era
2. e; Estaba
3. b; iba
4. a; llevaba
5. c; se vestía

CAPÍTULO 14

EL PRETÉRITO Y EL IMPERFECTO

Cuando **llamaste**, yo **estaba** con mi novio.

Hacía buen día, y por eso ellas **se sentaron** fuera.

In Spanish, the preterit and the imperfect are both used to speak about the past. Below are some of the main differences between these two tenses.[1]

The preterit (P) is typically used to speak about past actions and situations that happened during a specific time; it is often used in the context of **ayer**, **la semana pasada**, **hace un mes**, etc. The imperfect (I) refers to past actions and situations that used to take place regularly or repeatedly: **normalmente**, **todos los días**, **cada lunes**, **frecuentemente**, etc.

Ejemplos:
- El año pasado **viajé** a Chile. (P)
- Cuando era pequeña, **viajaba** a Chile cada verano. (I)
- Ayer **fuimos** al cine. (P)
- Antes **íbamos** al cine cada domingo. (I)

---

1. In addition to the masculine and feminine genders traditionally used in Spanish, this book includes one of the most commonly used non-binary pronouns, *elle*, and the grammar forms related to it. Please see Appendix 1 to learn more. It also describes the various uses of the second-person singular pronoun *vos* and the verb forms associated with it. Please see Appendix 2 to learn more.

The preterit (P) is used to convey statements and facts in the past. The imperfect (I) is used when neither the beginning nor the end of the action or the situation is specified.

Ejemplos:
- Yo **escribí** un libro. (P)
- Carlos Fuentes **escribía** novelas en español. (I)
- Rafal Nadal **ganó** muchos partidos de tenis. (P)
- Jimena **ganaba** porque **entrenaba** mucho. (I)

The preterit and the imperfect are often used together. Sometimes, the imperfect (I) indicates an action or a situation that was in progress when it was "interrupted" by an action or situation in the preterit (P).

Ejemplos:
- Yo **compraba** (I) un café cuando te **vi** (P).
- Penélope **trabajaba** (I) en la universidad cuando **se publicó** (P) su primer libro.
- **Usábamos** (I) discos compactos hasta que **se inventó** (P) el internet.

In other contexts, the imperfect (I) shows what was happening in the background when the action or the situation referred to in the preterit (P) took place.

Ejemplos:
- **Hacía** (I) frío, y por eso **me puse** (P) el abrigo.
- Cuando **salimos** (P) de la casa, **oscurecía** (I).

The verb **ser** is used to assess facts and situations in the preterit (P), while in the imperfect (I) it is used to give descriptions.

Ejemplos:
- Pablo Picasso **fue** un gran pintor. (P)
- Pablo Picasso **era** de estatura baja. (I)
- Aquel **fue** un día muy feliz. (P)
- **Era** un día feliz; la gente bailaba y cantaba. (I)

PRÁCTICA

Actividad 14.1

Circle the correct forms of the verbs in parenthesis. Explain why you selected the preterit or the imperfect.

1. Anoche no (salí/salía) porque (tuve/tenía) fiebre.
2. Simón, ¿(fuiste/ibas) a muchas fiestas cuando (viviste/vivías) en Buenos Aires?
3. Cuando mi abuela (fue/era) joven, no (había/hubo) teléfonos celulares.
4. ¿Vos ya (empezaste/empezabas) a trabajar?
5. María, ¿(fuiste/ibas) al concierto el domingo pasado?
6. ¿Vosotras ya (comprasteis/comprabais) comida para la cena?
7. Ayer mi amigue me (regaló/regalaba) una camisa nueva.
8. Salvador Dalí (fue/era) uno de los pintores más exitosos de su época.
9. Mi abuela (fue/era) una mujer muy feliz y siempre (se rio/se reía).
10. Hija, ¿cuándo (regresaste/regresabas) de Colombia?

Actividad 14.2

Una sorpresa

Complete the text with the correct forms of the verbs in parentheses.

Anoche 1. (estar)_____ en mi habitación cuando 2. (escuchar) _____ que mi madre 3.(soltar) _____ un grito de alegría. Mis hermanos y yo 4. (bajar) _____ las escaleras para ver qué 5. (pasar) _____. Cuando nosotros 6. (entrar) _____ en la sala, 7. (ver) _____ que mi madre 8. (abrazar) _____ a mis abuelos. Mi madre nos 9. (explicar) _____ que mis abuelos 10. (decidir) _____ pasar la Navidad con nosotros y 11. (llegar) _____ sin aviso. Mi madre 12. (parecer) _____ muy feliz y 13. (llorar) _____ de alegría. Yo también 14. (alegrarse) _____ mucho porque no los había visto desde hace un año y los 15. (extrañar) _____. 16. (Ser) _____ una sorpresa muy agradable.

Actividad 14.3

Una carta especial

Complete the text with the correct forms of the verbs in parentheses.

Ayer mi hermana y yo 1. (estar) _____ estudiando en la casa cuando 2. (llegar) _____ mi madre. Ella 3. (verse) _____ muy emocionada. Me 4. (decir) _____ que 5. (haber) _____ una carta para mí en el buzón. Yo 6. (levantarse) _____ de la mesa y 7. (abrir) _____ la carta. 8. (Ser) _____ la carta de aceptación de mi universidad preferida. Yo 9. (ponerse) _____ muy contenta y 10. (empezar) _____ a llorar de alegría. 11. (Ser) _____ un día muy especial.

Actividad 14.4

Un viaje

Think about the last time you went on a trip. Where did you go? What did you do? What was the weather like? What was the place like? Write six sentences about your trip, including both the preterit and the imperfect.

Actividad 14.5

Conciertos

Complete this activity with a partner.

Paso 1. Talk about the last concert each of you attended. Ask your partner questions to find out who played, where and when it took place, what it was like, etc. Take notes; you will use them for the next activity.

Paso 2. Write a brief summary about the concert that your partner attended. Write five sentences with both the preterit and the imperfect.

Actividad 14.6

A completar.

Read the following story and write an ending for it.

A finales de la Segunda Guerra Mundial, un soldado herido atravesaba una aldea en un convoy sanitario, pero debido a su estado muy grave, se tuvo que quedar en un monasterio abandonado. Su condición empeoraba cada día y quedaban pocas esperanzas de salvarlo. Sin embargo, una enfermera inexperta, pero bella y atenta, se empeñó en curarlo y dedicó noches enteras a cuidarlo. Poco a poco, las cosas empezaron a cambiar….

What happened next? Write 6 to 10 sentences with the correct forms of the verbs in the preterit and imperfect. After you finish writing, add a title to your text.

Actividad 14.7

Paso 1. Read these paragraphs and organize them chronologically.

La Malinche

_____Sin embargo, en el siglo XX, se empezó una revalorización de la figura de La Malinche. Se la empezó a retratar como una mujer atrapada entre diversas culturas, víctima de las circunstancias, y/o como una mujer valiente que se vio forzada a tomar decisiones difíciles.

_____La Malinche, conocida también como Malinali, Malintzin o Doña Marina, fue una mujer de origen nahua (azteca). La Malinche fue vendida como trabajadora o esclava a comerciantes de Veracruz, y después fue comprada por los mayas de Tabasco.

_____Fue a partir de la Independencia de México cuando se comenzó a cultivar una visión negativa de La Malinche, a quien se la designó como traidora de su pueblo y cuya ayuda precipitó la caída del imperio azteca.

_____En 1519, La Malinche, entre otras 19 mujeres, fue dada como tributo a los españoles. Con el tiempo, llegó a convertirse en la intérprete, consejera y amante del conquistador español Hernán Cortés, con quien tuvo un hijo.

_____Hoy en día, la figura ambigua de la Malinche permanece estrechamente ligada a la identidad mexicana. Para algunos, su nombre sigue siendo sinónimo de traición, mientras otros la perciben como fundadora de la nación mexicana.

___3__La Malinche es un personaje histórico ambivalente, aunque no siempre fue así. En los siglos XVI y XVII, se le atribuía un papel fundamental en la formación del virreinato que durante 300 años formó parte del imperio español.

Paso 2. Write six open-ended questions about the text with the correct forms of the preterit and imperfect.

Ejemplo: ¿Con quién tuvo una relación sentimental la Malinche?

Paso 3. Work with a partner. Exchange your questions and answer each other's with the correct forms of the preterit and imperfect.

¿SABÍAS QUE...?
Antes de leer.

Answer the following questions. Share your opinions with the class.

1. ¿Sabes algo de la historia del Canal de Panamá?
2. ¿Cómo llegan la mayoría de los bienes o mercancías a tu ciudad/pueblo? ¿A través de qué medio de transporte?

3. ¿Cuáles son los puertos marítimos más transitados en los Estados Unidos o en tu país de orígen? ¿Qué mercancías llegan allí? Puedes usar el internet para investigar acerca de esto.

A leer.

¿Cómo se construyó el Canal de Panamá?

photosgenius / shutterstock

El Canal de Panamá es uno de los puertos de entrada y salida de mercancía más importantes del mundo. El 6% del comercio mundial, principalmente productos derivados del petróleo, pasa a través de sus 82 kilómetros de longitud. El Canal estuvo casi 100 años bajo la administración de los Estados Unidos hasta que finalmente, el 31 de diciembre de 1999, volvió a pasar a manos del gobierno panameño.

La estratégica localización de Panamá atrajo desde muy temprano a los primeros exploradores europeos que ya en el siglo XVI pensaban en cómo acortar sus viajes desde Europa a Asia. Los españoles, alemanes y escoceses plantearon ideas para construir un canal, hasta que a finales del siglo XIX el primer intento real lo dirigió un ingeniero francés, Fernando de Lesseps. Completados más de 30 kilómetros de obras, el proyectó fue abandonado principalmente debido a escándalos de fraude que llevaron a la empresa a la quiebra. Además, los frecuentes accidentes y las enfermedades tropicales que abatían a los trabajadores les costaron la vida a más de 20.000 personas.

En 1903, cuando Panamá aún formaba parte de Colombiá, los Estados Unidos y Colombia firmaron un acuerdo según el cual se cedía a los Estados Unidos un área de 10 kilómetros para construir un canal entre los océanos Pacífico y Atlántico. Más tarde, Panamá, ya un país independiente, a cambio de 10 millones de dólares, acordó ampliar la zona del canal a 16 kilómetros de ancho y la cedió a los Estados Unidos a perpetuidad. La construcción del canal atrajo a varios ingenieros destacados, pero fue bajo la dirección de John F. Stevens que se implementó el concepto de la construcción de un canal sobre el nivel del mar en que los barcos transitan a través de lagos artificiales y esclusas de altura variable. Se organizó también una campaña para controlar las epidemias de enfermedades tropicales. El Canal de Panamá tardó más de 10 años en construirse y se inauguró al tráfico marítimo el 15 de agosto de 1914.

Entretanto, la cesión había dividido a Panamá en dos partes físicamente, y a los panameños se les negaba el acceso a la Zona del Canal, donde vivían miles de estadounidenses con sus familias. El resentimiento de los panameños fue aumentando hasta que comenzaron los movimientos populares que exigieron la revisión de los tratados canaleros y la recuperación de los territorios. Una de las marchas de los panameños, realizada el 9 de enero de 1964, se tornó violenta, dejó cientos de heridos y acabó con la vida de más de 20 personas, la mayoría de las cuales eran estudiantes. Este evento trágico se conmemora hoy en día como el Día de los Mártires. Los disturbios, que comenzaron en los límites de la Ciudad de Panamá con la Zona del Canal y se extendieron a otras partes del país, propiciaron un complicado y largo diálogo con los Estados Unidos, que culminó con la disolución de la Zona y el traspaso del Canal a Panamá. Hoy en día, los panameños se sienten orgullosos de su lucha por recuperar este territorio y por esta maravilla tecnológica que es una de las obras más importantes de la ingeniería del siglo XX.

Después de leer.

1. ¿Qué importancia tiene el Canal de Panamá desde el punto de vista de la economía mundial?
2. ¿Por qué preferían los exploradores europeos pasar por Panamá para llegar a Asia?
3. ¿Por qué se suspendió el proyecto de canal dirigido por Fernando de Lesseps?
4. ¿Bajo qué condiciones tuvo lugar la cesión del Canal a los Estados Unidos?
5. ¿Qué mejoras tuvo el proyecto del Canal que dirigió John F. Stevens?
6. ¿Cuáles fueron las causas del descontento de los panameños en cuanto a la Zona del Canal?
7. ¿Qué se conmemora en Panamá el 9 de enero? ¿Por qué es importante?
8. ¿Qué te pareció la historia del Canal de Panamá? ¿Conoces alguna otra historia similar?

A ESCRIBIR
Paso 1. La composición
Antes de escribir.

Look online for information about the following cities in Panama and fill in the chart below in Spanish.

	Bocas del Toro	Ciudad de Panamá	Santa Catalina
Clima			
Medio de transporte para explorar			
Atractivos principales			
Actividades disponibles			

A escribir.

Now read the prompt below and write a composition. In your composition, include some of these connectors for cohesion.

primero	first
después	after/later/then
por otro lado	on the other hand
también	also
además	in addition/besides
sin embargo	however
no obstante	nonetheless

Mi aventura en Panamá. You just returned from Panama. Write an email to your friend describing the trip in detail. Use information from the previous activity to include the following points, incorporating the preterit and imperfect.

- Describe the places that you visited and the transportation you used to get there.
- Describe the climate and the weather during your trip.
- Mention some of the activities you did (what, when, where, and with whom).
- Mention an incident that happened to you and explain how it was resolved.
- Share your impressions of Panama and of the trip in general.

Después de escribir.

Proofread your composition:

- Did you use the imperfect and preterit in the correct contexts?
- Did you use the correct ending for each conjugation?
- Did you include at least three connectors from the list?

Paso 2. Trabajo en pareja

You will now work with a partner to review each other's composition and give each other feedback.

1. Share your composition with your partner. As you read your partner's work, focus on the following:
   - Have the ideas been developed fully? If not, provide suggestions to make it more comprehensive.
   - Are appropriate connectors used to link ideas? If not, offer some examples to enhance cohesion.
   - Is the imperfect used in the appropriate contexts? If not, suggest the correct tense for the provided contexts.
   - Is the preterit used in the appropriate contexts? If not, suggest the correct tense for the provided contexts.
   - Are verbs conjugated correctly in the preterit and imperfect? If not, underline the verbs with errors.

Once you have completed these steps, return the composition to your partner.

2. Look closely at your composition, noting the marked errors and reflecting on your partner's suggestions. Ask your instructor if you have any questions. Then rewrite it, taking into account your partner's feedback and correcting all grammatical errors. Hand in the final draft to your instructor.

¡Has aprendido mucho! ¡Enhorabuena!

CHAPTER 14 ANSWER KEY

Actividad 14.1

1. salí, tenía
2. ibas, vivías
3. era, había
4. empezaste
5. fuiste
6. comprasteis
7. regaló
8. fue
9. era, se reía
10. regresaste

Actividad 14.2

1. estaba
2. escuché
3. soltó
4. bajamos
5. pasaba
6. entramos
7. vimos
8. abrazaba
9. explicó
10. decidieron
11. llegaron
12. parecía
13. lloraba
14. me alegré
15. extrañaba
16. Fue

Actividad 14.3

1. estábamos
2. llegó
3. se veía
4. dijo
5. había

6. me levanté
7. abrí
8. Era
9. me puse
10. empecé
11. Fue

Actividad 14.7

La Malinche

  __1__ La Malinche, conocida también....
  __2__ En 1519, La Malinche, entre otras 19 mujeres....
  __3__ La Malinche es un personaje histórico ambivalente.....
  __4__ Fue a partir de la Independencia de México....
  __5__ Sin embargo, en el siglo XX.....
  __6__ Hoy en día, la figura ambigua de la Malinche.....

¿Sabías que...?

Después de leer.

1. Por el Canal de Panamá pasa el 6% del comercio mundial. Conecta los dos océanos y ofrece una ruta más corta.
2. Preferían pasar por Panamá porque es una ruta más corta.
3. El proyecto encontró demasiados obstáculos: bancarrota de la empresa, accidentes y enfermedades tropicales.
4. Panamá cedió el control a los Estados Unidos a cambio de 10 millones de dólares y a perpetuidad.
5. Se concibió un canal sobre el nivel del mar en que los barcos transitan a través de lagos artificiales y esclusas de altura variable, y se controlaron las epidemias.
6. Panamá se había dividido en dos partes físicamente y a los panameños se les negaba el acceso a la Zona del Canal, donde vivían miles de estadounidenses con sus familias.
7. Se conmemora el Día de los Mártires. Es una conmemoración de las personas que murieron y lucharon por devolver el Canal a Panamá. Esos hechos trágicos propiciaron un diálogo con los Estados Unidos que culminó con la disolución de la Zona y el traspaso del Canal a Panamá.
8. Answers will vary.

CAPÍTULO 15

EL FUTURO

→ El futuro simple: verbos regulares
→ El futuro simple: verbos irregulares

A. EL FUTURO SIMPLE: VERBOS REGULARES

Los autos eléctricos **serán** económicos.	En el futuro, la energía solar **llegará** a cada hogar.

In Spanish, the simple future tense is used to speak about upcoming actions or predictions, as well as to convey intention and probability.[1]

Ejemplos:
- El año que viene **estudiaré** en Barcelona.
- Mañana **lloverá**; deberías llevar un paraguas.
- En el futuro, **descubriremos** muchos planetas.

In the simple future tense, verbs ending in **-ar, -er,** and **-ir** all have the same endings, which are added to the infinitive.

---

1. In addition to the masculine and feminine genders traditionally used in Spanish, this book includes one of the most commonly used non-binary pronouns, *elle*, and the grammar forms related to it. Please see Appendix 1 to learn more. It also describes the various uses of the second-person singular pronoun *vos* and the verb forms associated with it. Please see Appendix 2 to learn more.

FUTURO SIMPLE: VERBOS REGULARES			
	-ar (trabajar)	**-er** (comer)	**-ir** (vivir)
yo	trabajar**é**	comer**é**	vivir**é**
tú/vos	trabajar**ás**[2]	comer**ás**	vivir**ás**
él, ella, elle, usted	trabajar**á**	comer**á**	vivir**á**
nosotros/as/es	trabajar**emos**	comer**emos**	vivir**emos**
vosotros/as/es	trabajar**éis**	comer**éis**	vivir**éis**
ellos, ellas, elles, ustedes	trabajar**án**	comer**án**	vivir**án**

In negative sentences, **no** is placed before the verb.

Ejemplos:
- Juan y Silvia **no** regresarán el lunes, sino el miércoles.
- Amelia **no** irá al concierto porque está enferma.
- En el futuro, **no** padeceremos de enfermedades terminales.

In interrogative sentences, the **subject** is usually placed after the verb.

Ejemplos:
- ¿Escribirá **Raúl** el informe para la presentación?
- ¿Adónde irán **tus padres** después del teatro?
- ¿Inventarán **los científicos** un remedio contra el cáncer?

There are other ways of expressing future actions and situations:
The construction **ir + a+ verb** is commonly used to convey future plans and intentions.

Ejemplos:
- Yo **voy a tomar** vacaciones la semana que viene.
- ¿**Vas a hacer** ejercicio todos los días?
- Mis abuelos no **van a venir** a mi graduación.

The present tense can also be used to refer to something that is going to happen in the future.

Ejemplos:
- Mañana **empiezo** a trabajar.
- ¿**Regresas** la semana que viene?
- El tren **sale** el sábado a las once.

---

2. See variations in Appendix 2.

PRÁCTICA

Actividad 15.1

Complete the following sentences with the correct forms of the verbs in the simple future tense.

1. Las puertas del nuevo teatro (abrir) _____ en junio del año que viene.
2. Mamá, ¿cuándo (llegar) _____ el paquete que pediste?
3. Ella (empezar) _____ la investigación el próximo verano.
4. Seguramente, ellos (tomar) _____ el siguiente vuelo.
5. Omar, te (mandar) _____ un mensaje cuando regrese a casa.
6. Y vosotros, ¿cómo (pasar) _____ las siguientes vacaciones?
7. Mi prime (pedir) _____ la comida mientras estudiamos.

Actividad 15.2

¿Ya lo hiciste?

Imagine that your mother has asked you if you have finished your chores and responsibilities for today. You have not done anything, but you say that you will. Read the questions below and answer them in the future tense.

Ejemplo: ¿Limpiaste tu cuarto? —No, pero lo **limpiaré** antes de dormir.

1. ¿Terminaste la tarea? —No, pero _____
2. ¿Llamaste a tu abuela? —No, pero _____
3. ¿Lavaste los platos? —No, pero _____
4. ¿Compraste pan? —No, pero _____
5. ¿Regaste las plantas? —No, pero _____
6. ¿Ordenaste tu mesa? —No, pero _____
7. ¿Sacaste la basura? —No, pero _____

Actividad 15.3

Después de tu graduación

Look at the following verbs and write some of the things that you are planning to do after you graduate.

descansar	estudiar	hacer una pasantía (internship)	
trabajar	viajar	ir	ser voluntario/a/e

Actividad 15.4

La televisión del futuro
Complete the following text with the correct forms of the verbs in the simple future tense.

Creo que en el futuro, en lugar de pantallas de televisores, 1. (proyectarse) _____ hologramas. Esos hologramas 2. (ser) _____ tridimensionales y 3. (mostrar) _____ imágenes muy vívidas. Nosotros 4. (cambiar) _____ el canal y 5. (subir) _____ el volumen con solo tocar la pantalla. Cada televisor 6. (reconocer) _____ la voz de su propietario. Finalmente, creo que la televisión del futuro 7. (trasmitir) _____ olores y texturas.

Actividad 15.5

Problemas ambientales
Complete this activity with a partner.

Paso 1. Complete the following sentences with the correct forms of the verbs in the simple future tense. Think about the future consequences of recent environmental changes.

En el futuro,

1. las temperaturas (subir) _____.
2. las tormentas (ser) _____ más frecuentes.
3. (desaparecer) _____ diferentes especies de animales.
4. la falta de precipitaciones (causar) _____ sequías.
5. la deforestación (provocar) _____ inundaciones.
6. el aire contaminado (agravar) _____ las enfermedades respiratorias.
7. los desechos tóxicos (contaminar) _____ el agua.

Paso 2. Environmental changes will continue to worsen if no measures are taken. With your partner, write four possible solutions that will mitigate the issues mentioned in Paso 1. Use the future simple tense with verbs such as *crear, limpiar, plantar, producir, proteger, reducir,* and *regular*.

B. EL FUTURO SIMPLE: VERBOS IRREGULARES

Some verbs have irregular forms in the simple future tense:

Vowel → d

Ejemplos:

- tener → tendr + ending: ¿**Tendrás** tiempo para ayudarme mañana?
  valer → valdr + ending: ¿Cuánto **valdrá** mi casa en 5 años?

Omission of vowel

Ejemplos:

- querer → querr + ending: ¿**Querrá** Juan ayudarme?
- caber → cabr + ending: Tus maletas no **cabrán** en la cajuela.

Accent change

Ejemplos:

- oír → oir + ending: Desde aquí no **oirás** la música.
- reír(se) → reir(se) + ending: Algún día **nos reiremos** de estos problemas.

Below are some commonly used irregular verbs in the simple future tense.

FUTURO SIMPLE: VERBOS IRREGULARES							
	decir	**hacer**	**poder**	**poner**	**saber**	**salir**	**tener**	**venir**
yo	diré	haré	podré	pondré	sabré	saldré	tendré	vendré
tú/vos	dirás	harás	podrás	pondrás	sabrás	saldrás	tendrás	vendrás
él, ella, elle, usted	dirá	hará	podrá	pondrá	sabrá	saldrá	tendrá	vendrá
nosotros/as/es	diremos	haremos	podremos	pondremos	sabremos	saldremos	tendremos	vendremos
vosotros/as/es	diréis	haréis	podréis	pondréis	sabréis	saldréis	tendréis	vendréis
ellos, ellas, elles, ustedes	dirán	harán	podrán	pondrán	sabrán	saldrán	tendrán	vendrán

PRÁCTICA

Actividad 15.6

Complete the following sentences with the correct forms of the verbs in the simple future tense.

1. Lo siento, mañana nosotras (no tener) _____ tiempo para ir al cine contigo.
2. Carla, ¿al final (salir) _____ con ese chico?
3. Niños, ¿cuándo (hacer) _____ la tarea?
4. Nicolás, ¿(poder) _____ acabar tus estudios en 2 años?
5. Tu amigue (ponerse) _____ triste cuando le digas que no irás a España.
6. ¿Y vos? ¿(Venir) _____ conmigo a la fiesta?
7. ¿Cuándo le (decir) _____ a tu madre que nos vamos a casar?

Actividad 15.7

El robot

Complete the following text with the correct forms of the verbs in the simple future tense.

¿No te gusta cocinar? No te preocupes, en el futuro tú 1. (no tener) _____ que hacerlo. En cada casa, 2. (haber) _____ un robot que 3. (poder) _____ preparar comidas deliciosas. El robot 4. (saber) _____ muchísimas recetas y 5. (hacer) _____ el platillo más complicado en cuestión de media hora. Con todo el tiempo que ahorres, tú 6. (salir) _____ de la casa más a menudo y 7. (ponerse) _____ a hacer cosas divertidas. Créeme, ¡el robot del futuro te 8. (venir) _____ de maravilla!

Actividad 15.8

¿Qué harás?

Read the following situations and answer the questions with the simple future tense.

1. Después de graduarte de la universidad, tienes que esperar 1 año antes de poder trabajar. ¿Cómo pasarás ese año? Escribe tres oraciones.
2. Imagina que ganaste 5 millones de dólares. ¿Qué harás con ese dinero? Escribe cuatro oraciones.
3. Tienes que invertir 2 millones de dólares en cuatro fundaciones filantrópicas. ¿Cómo repartirás ese dinero? Escribe cuatro oraciones.

Actividad 15.9

En 100 años

Complete this activity with a partner.

Paso. 1. Think of some of the changes that might take place in the next 100 years. Write six sentences in the simple future tense. Consider the following fields:

· medicina
· tecnología
· educación
· entretenimiento

Paso 2. Compare your answers to those of your partner. Write down some of the similarities and the differences you find and share with the class.

Actividad 15.10

La tecnología

You have probably heard that water and food are scarce in certain parts of the world. Read online about some of the technological inventions that are expected to mitigate or solve one of these issues and write a brief summary of what you learn. Write about six sentences with the simple future tense.

¿SABÍAS QUE...?

Antes de leer.

Answer the following questions. Share your opinions with the class.

1. ¿Qué sabes sobre la criptomoneda? ¿La has usado alguna vez?
2. En tu opinión, ¿cuáles son las ventajas de usar una moneda global y digital? ¿Y las desventajas?

A leer.

El Salvador: Un país pionero en la adopción de Bitcoin

Pixabay / pexels / pexels

Desde su génesis en 2008, Bitcoin ha despertado admiración, interés, incertidumbre y miedo a partes iguales en el mundo. Desde los gurús financieros que ven en esta moneda digital el fin de las divisas a los "mineros digitales" que a tiempo completo trabajan en complicados códigos computacionales para generar más bitcoin o el gremio de los comerciantes que ven en su uso una curva de aprendizaje inalcanzable, esta moneda virtual no ha dejado a nadie indiferente, y seguirá despertando opiniones en los años venideros ya que, al parecer, está aquí para quedarse.

El 7 de septiembre de 2021, el presidente de El Salvador, Nayib Bukele, declaró el Bitcoin como moneda oficial del país junto al dólar estadounidense. El Salvador se convirtió así en el primer país del mundo en adoptar criptomonedas como divisa de curso legal, pero la decisión no ha estado exenta de problemas. Para empezar, la decisión de Bukele se siente como una imposición, ya que las empresas salvadoreñas y los negocios están obligados a aceptar

Bitcoin como forma de pago, y los ciudadanos tienen que descargar una billetera electrónica, "Chivo Wallet", para poder realizar transacciones. Sin embargo, en un país donde la mayoría no tiene acceso a internet, la gente se pregunta cómo podrán estos pagos llegar a la mayoría. Por otra parte, el gobierno tiene proyectado la creación de una estructura institucional para la circulación de Bitcoin, lo cual incluye la creación de 200 cajeros automáticos donde convertir Bitcoin al dólar, aunque muchos expertos indican que esto no será suficiente para asegurar el éxito del cambio.

Esta falta de información e infraestructura combinada con la exigencia gubernamental añade tensión a la popularidad de un presidente que bromea con ser "El dictador más cool del mundo mundial". Los críticos del régimen y escépticos de la criptomoneda cuestionan si la atrevida iniciativa de Bukele lo llevará a la gloria o a la desgracia, sobre todo después de lanzar planes aún más ambiciosos para crear la primera "Bitcoin City" en el mundo. Para aquellos que se preguntan cómo será esta ciudad del futuro, Bukele ya ofrece ideas concretas. Por ejemplo, la financiación vendrá de fondos basados en Bitcoin, pero no se cobrarán impuestos; se construirá cerca del volcán de Conchagua, que dará energía a través de una planta geotérmica a esta ciudad, la mitad de la cual estará dedicada a zonas residenciales, con espacios designados para zonas verdes, industrias y oficinas.

En un mercado tan volátil como el de la criptomoneda —donde su valor fluctúa cada día y que carece de una autoridad o ente de control responsable de su emisión o registro de movimientos y, por lo tanto, no se puede discernir si el dinero proviene de actividades ilícitas o no— iniciativas tan pioneras como las del gobierno de El Salvador podrán convertirse en un experimento a tiempo real para el resto del mundo en torno a la validez y eficacia de una divisa global y común para todos. La pregunta es: ¿Superarán los beneficios a largo plazo los costosos cambios y riesgos a corto plazo? Como en muchos otros casos, sólo el tiempo dirá.

Después de leer.

1. Según el texto, ¿en qué sectores laborales despierta incertidumbre la criptomoneda? ¿Por qué? ¿Qué otras profesiones la ven con mayor optimismo?
2. ¿Cuáles son las limitaciones que los salvadoreños tienen a la hora de usar Bitcoin?
3. ¿Cuáles son algunas de las iniciativas que el gobierno salvadoreño pondrá en práctica para facilitar el uso de Bitcoin?

4. En tu opinión, ¿cuáles de las características que tendrá "Bitcoin City" atraerán más a los ciudadanos de El Salvador? ¿Por qué?

5. Según el texto, ¿qué obstáculos tiene la criptomoneda en su camino por hacerse una divisa global?

6. ¿Piensas que la implementación de Bitcoin será un éxito a largo plazo en El Salvador? Justifica tu respuesta.

A ESCRIBIR

Paso 1. La composición

Antes de escribir.

Think about what cities in the distant future might look like and fill out the table, addressing each feature or amenity.

	La ciudad del futuro
Transporte	*Ej. Los carros usarán túneles subterráneos para circular*
Parques	
Edificios	
Seguridad	
Sistemas de comunicación	

A escribir.

Now read the prompt below and write a composition. In your composition, include some of these connectors for cohesion.

primero	first
después	after/later/then
por otro lado	on the other hand
también	also
además	in addition
sin embargo	however
no obstante	nonetheless

¡Bienvenidos a la ciudad del futuro! Imagine that you are participating in a contest to design a future city. Present your plan to the selection committee and describe the features your city will have. You can include your ideas from the previous activity. Use the future tense throughout your composition and write about 10 sentences.

Después de escribir.

Proofread your composition:

• Did you use the future tense?
• Did you use a variety of verbs?
• Did you include at least three connectors from the list?

Paso 2. Trabajo en pareja

Work with a partner to review each other's composition and give each other feedback.

1. Share your composition with your partner. As you read your partner's work, focus on the following:
    • Have the ideas been developed fully? If not, provide suggestions to make it more comprehensive.
    • Are appropriate connectors used to link ideas? If not, offer some examples to enhance cohesion.
    • Are verbs conjugated correctly in the future tense? If not, underline the verbs with errors.

Once you have completed these steps, return the composition to your partner.

2. Look closely at your composition, noting the marked errors and reflecting on your partner's suggestions. Ask your instructor if you have any questions. Then rewrite it, taking into account your partner`s feedback and correcting all grammatical errors. Hand in the final draft to your instructor.
   ¡Has aprendido mucho! ¡Enhorabuena!

CHAPTER 15 ANSWER KEY

Actividad 15.1

1. abrirán
2. llegará
3. empezará
4. tomarán
5. mandaré
6. pasaréis
7. pedirá

Actividad 15.2

1. la terminaré
2. la llamaré
3. los lavaré
4. lo compraré
5. las regaré
6. la ordenaré
7. la sacaré

Actividad 15.4

1. se proyectarán
2. serán
3. mostrarán
4. cambiaremos
5. subiremos
6. reconocerá
7. transmitirá

Actividad 15.5

Paso 1

1. subirán
2. serán
3. Desaparecerán
4. causará
5. provocará
6. agravará
7. contaminarán

Actividad 15.6

1. no tendremos
2. saldrás
3. harán o haréis
4. podrás
5. se pondrá
6. Vendrás
7. dirás

Actividad 15.7

1. no tendrás
2. habrá
3. podrá
4. sabrá
5. hará
6. saldrás
7. te pondrás
8. vendrá

¿Sabías que...?

Después de leer.

1. Los comerciantes están preocupados porque piensan que es difícil aprender a usar la moneda. Las profesiones relacionadas con las finanzas y los "mineros digitales" la ven con más optimismo.
2. La falta de información y de acceso a internet para descargarse la billetera digital.
3. La instalación de cajeros automáticos para cambiar Bitcoin por dólares y la creación de la primera ciudad Bitcoin.
4. Answers will vary.
5. La falta de un organismo central que la regule y su fluctuación en valor, entre otras.
6. Answers will vary.

CAPÍTULO 16

EL PRESENTE DE SUBJUNTIVO

→ El presente de subjuntivo en cláusulas nominales: verbos regulares
→ El presente de subjuntivo en cláusulas nominales: verbos irregulares
→ El presente de subjuntivo en cláusulas adverbiales

A. EL PRESENTE DE SUBJUNTIVO EN CLÁUSULAS NOMINALES: VERBOS REGULARES

| <u>Ojalá que</u> Sonia me **conteste** pronto. | <u>Es importante</u> que nosotros **colaboremos**. |

In Spanish, the present subjunctive tense is used to refer to both present and future actions and situations.[1]

Ejemplos:
- Me alegra que me **ayudes**. (present)
- Quiero que me **ayudes** mañana. (future)

---

1. In addition to the masculine and feminine genders traditionally used in Spanish, this book includes one of the most commonly used non-binary pronouns, *elle*, and the grammar forms related to it. Please see Appendix 1 to learn more. It also describes the various uses of the second-person singular pronoun *vos* and the verb forms associated with it. Please see Appendix 2 to learn more.

Below are the conjugations of the regular verbs in the present subjunctive.

PRESENTE DE SUBJUNTIVO: VERBOS REGULARES			
	-ar (trabajar)	**-er (comer)**	**-ir (vivir)**
yo	trabaj**e**	com**a**	viv**a**
tú, vos	trabaj**es**, trabaj**és**	com**as**, com**ás**	viv**as**, viv**ás**
él, ella, elle, usted	trabaj**e**	com**a**	viv**a**
nosotros/as/es	trabaj**emos**	com**amos**	viv**amos**
vosotros/as/es	trabaj**éis**	com**áis**	viv**áis**
ellos, ellas, elles, ustedes	trabaj**en**	com**an**	viv**an**

In regions where **vos** is used instead of or alongside **tú**, in the present subjunctive the last vowel of the regular verb is stressed: trabaj**é**s, com**á**s, viv**á**s.

Ejemplos:
- Queremos que vos **trabajés** con nosotros.
- Es importante que vos **comás** bien.

To use a verb in the subjunctive, there typically has to be a subjunctive phrase and two different subjects. Impersonal verb phrases and expressions such as ojalá sometimes act as the subjunctive phrase.

Ejemplos:
- Yo quiero que tú me **visites**. (Quiero que is the subjunctive phrase and its subject is "yo." "Tú" is the subject of **visites**, the verb in the subjunctive.)
- Es importante que tú me **visites**. (Es importante que is the subjunctive phrase and has an impersonal subject. "Tú" is the subject of **visites**, the verb in the subjunctive.)
- Ojalá que tú me **visites**. (Ojalá que is the subjunctive phrase and does not have a subject. "Tú" is the subject of **visites**, the verb in the subjunctive.)

The subjunctive can be used in a variety of situations. Below are some of the most commonly used subjunctive phrases in nominal clauses.

Expectations, desires, wishes, recommendations, imperatives.

Ojalá que..., Quiero que..., Deseo que..., Necesito que..., Espero que..., Recomiendo que..., Sugiero que..., Insisto en que..., Digo que..., etc.

Ejemplos:
- El doctor <u>recomienda que</u> tú **tomes** esa medicina.
- <u>Ojalá que</u> ella me **mande** un mensaje hoy.

Emotions

Me alegro de que..., Me gusta que..., Temo que... , Siento que... , etc.

Ejemplos:
- <u>Siento que</u> ella no **hable** contigo sobre sus problemas.
- <u>Me alegro de que</u> Jaime **estudie** en la misma universidad que tú.

Doubts and denial

Dudo que..., ¿Crees que...?, No creo que..., No es cierto que..., etc.

Ejemplos:
- <u>Dudo que</u> las clases **terminen** a las 8 de la noche.
- <u>No es cierto que</u> a Luis no le **guste** su carrera.

Phrases of doubt and denial can be followed by a verb in the indicative when they indicate something that is thought to be true.

Ejemplos:
- <u>No es cierto que</u> a Luis no le **guste** su carrera. (I doubt this = subjunctive)
- <u>No es cierto que</u> a Luis no le **gusta** su carrera. (I know this = indicative)

Impersonal observations

Es necesario que..., Es importante que..., Es triste que..., Es bueno que..., etc.

Ejemplos:
- <u>Es importante que</u> **termines** tu tarea.
- <u>Es bueno que</u> **ayudes** a tus abuelos.

Impersonal phrases indicating certainty are followed by a verb in the indicative.

Ejemplos:
- <u>Es verdad que</u> Juan **tiene** tres hijos.
- <u>Es cierto que</u> mis padres **viven** en Chile.

In negative sentences, **no** is placed before the verb.

Ejemplos:
- Es lamentable que los espectadores **no** lleguen a tiempo.
- Dudo que Ramón **no** hable español con su familia.

In interrogative sentences, the subject is usually placed after the subjunctive phrase and before the verb.

Ejemplos:
- ¿Es importante que **mi hijo** tome la medicina después de comer?
- ¿Quién te pide que **tú** llenes el formulario?

PRÁCTICA

Actividad 16.1

Complete the following sentences with the correct forms of the verbs in the present subjunctive.

1. Espero que Miriam (aceptar) _____ la invitación al concierto.
2. Miguel, quiero que vos (arreglar) _____ tu cuarto ahora mismo.
3. Señor Pérez, sugiero que aún (no anunciar) _____ los resultados del voto.
4. Ojalá que mis padres (comprar) _____ una casa en la playa.
5. Mi amigue me pide que (no compartir) _____ su secreto con nadie.
6. El jefe de Juan le dice que (regresar) _____ a la oficina inmediatamente.
7. Mi consejero insiste en que yo (tomar) _____ esa clase el semestre que viene.
8. Es importante que tú (hablar) _____ con tu médico sobre estos síntomas.
9. Silvia, siento mucho que tu novio no te (contestar) _____ los mensajes.
10. Me alegro de que tu hermana (estudiar) _____ la carrera que le gusta.

Actividad 16.2

Un proyecto difícil

Complete the following sentences with phrases of doubt and denial.

Ejemplo: Nos vamos a reunir mañana. Dudo que **nos reunamos** mañana.

1. Pronto iniciaremos un proyecto. Dudo que _____.
2. El proyecto incluye temas difíciles. No es cierto que _____.
3. Investigaremos varios temas para este proyecto. No creo que _____.
4. Muchas personas participan en este proyecto. No es verdad que _____.
5. El proyecto se repartirá entre varias personas. No pienso que _____.

Actividad 16.3

Read the following situations and write a recommendation for each of them, using phrases such as recomiendo que…, sugiero que…, and aconsejo que….

Ejemplo: Mi amiga quiere practicar inglés. —Recomiendo que **tome** una clase de conversación.

1. Mi compañero de cuarto está enfermo. _____.
2. Mi padre quiere conocer mi universidad. _____.
3. Mi novia quiere viajar a algún país hispanohablante. _____.
4. Mi amiga quiere llevar una vida saludable. _____.
5. Mis abuelos me extrañan. _____.
6. Saqué una nota muy mala en el examen. _____.
7. Mi prime quiere ver una obra de teatro. _____.

Actividad 16.4

Te graduaste

Your friend has graduated from college. Read the following reactions and determine whether they are logical or illogical. Place a check mark in the corresponding space.

	Lógico	Ilógico
1. Me encanta que mi amigo se gradúe este año.	_____	_____
2. Siento mucho que se gradúe con buenas notas.	_____	_____
3. Es importante que pida cartas de recomendación.	_____	_____
4. No creo que regrese a la casa de sus padres.	_____	_____
5. Ojalá que deje de comunicarse con sus amigos.	_____	_____

6. Recomiendo que tome una clase de filosofía. _____ _____
7. Espero que encuentre un trabajo pronto. _____ _____

Actividad 16.5

Mis plantas

Your friend will take care of your plants while you are on vacation. Use the verbs from the list below and different subjunctive phrases to give him/her/them instructions.

Ejemplo: <u>Es necesario que</u> **gires** las plantas cada día.

regar   cuidar   cortar hojas secas   agregar nutrientes
echar insecticidas

B. EL PRESENTE DE SUBJUNTIVO EN CLÁUSULAS NOMINALES: VERBOS IRREGULARES

Irregular verbs are those whose conjugation does not follow a predictable pattern.

There are several types of verbs that have irregular forms in the present subjunctive:

Stem-changing verbs: **e → ie**: empezar, entender, mentir, pensar, perder, preferir, sentir, etc.

Ejemplos:
• querer: qu**ie**ra, qu**ie**ras, qu**ie**ra, quer**a**mos, quer**ái**s, qu**ie**ran
  No es cierto que qu**ie**ra ver a Juan.
• cerrar: c**ie**rre, c**ie**rres, c**ie**rre, cerremos, cerréis, c**ie**rren
  Dudo que c**ie**rren ese teatro.

Stem-changing verbs: **e → i**: conseguir, pedir, repetir, servir, etc.

Ejemplos:
• sonreír: sonr**í**a, sonr**í**as, sonr**í**a, sonriamos, sonriáis, sonr**í**an
  Me gusta que tú me sonr**í**as.
• freír: fr**í**a, fr**í**as, fr**í**a, friamos, friais, fr**í**an
  Es importante que fr**í**as la carne primero.

Stem-changing verbs: **o → ue**: costar, dormir, encontrar, mover, morir, probar, soñar, volar, etc.

Ejemplos:
- poder: p**ue**da, p**ue**das, p**ue**da, podamos, podáis, p**ue**dan
  Ojalá que p**ue**das ayudarme.
- contar: c**ue**nte, c**ue**ntes, c**ue**nte, contemos, contéis, c**ue**nten
  Quiero que me c**ue**ntes la verdad.

Some verbs have irregular endings in the present subjunctive.

Verbs ending in **-car**: aparcar: Es necesario que apar**ques** cerca de la casa.
Verbs ending in **-cer**: conocer: No creo que cono**zcas** a mi novia.
Verbs ending in **-gar**: pagar: Ella no quiere que tú pa**gues** la cuenta.
Verbs ending in **-zar**: cruzar: Hijo, te prohíbo que cru**ces** la calle solo.

Some verbs have both a stem change and an irregular ending in the present subjunctive.

Ejemplo:
- jugar: j**uegue**, j**uegue**s, j**uegue**, ju**gue**mos, ju**gué**is, j**uegue**n.

Sugiero que jug**ue**mos afuera.

Below are the conjugations of the irregular verbs in the present subjunctive.

EL PRESENTE DE SUBJUNTIVO: VERBOS IRREGULARES									
	dar	**decir**	**estar**	**hacer**	**ir**	**poner**	**saber**	**salir**	**ser**	**tener**
yo	dé	diga	esté	haga	vaya	ponga	sepa	salga	sea	tenga
tú	des	digas	estés	hagas	vayas	pongas	sepas	salgas	seas	tengas
él, ella, elle, usted	dé	diga	esté	haga	vaya	ponga	sepa	salga	sea	tenga
nosotros/as/es	demos	digamos	estemos	hagamos	vayamos	pongamos	sepamos	salgamos	seamos	tengamos
vosotros/as/es	deis	digáis	estéis	hagáis	vayáis	pongáis	sepáis	salgáis	seáis	tengáis
ellos, ellas, elles, ustedes	den	digan	estén	hagan	vayan	pongan	sepan	salgan	sean	tengan

Ejemplos:
- Ojalá que me **den** una beca para la universidad.
- Silvia insiste en que **seamos** amigas.

In regions where **vos** is used instead of or alongside **tú**, the last vowel of the irregular verb is stressed in the present subjunctive: salg**á**s, teng**á**s, vay**á**s.

Ejemplos:
- Es bueno que vos **tengás** tiempo para visitarme.
- Necesito que vos **vayás** a la tienda.

PRÁCTICA

Actividad 16.6

Complete the following sentences with the correct forms of the verbs in the present subjunctive.

1. Espero que ese restaurante (servir) _____ comida vegetariana.
2. Magda, no puedo ayudarte; espero que me (entender) _____.
3. No creo que ella (conseguir) _____ un trabajo tan pronto.
4. Es muy malo que los estudiantes (mentir) _____ a los profesores.
5. No creo que tus hijos (poder) _____ viajar sin ti.
6. Es necesario que vosotros (apagar) _____ las luces antes de salir.
7. El maestro duda que Federico (repetir) _____ el curso.
8. A mis abuelos les molesta que nosotros no les (obedecer) _____.
9. Temo que mi padre (perder) _____ la paciencia conmigo.
10. Ojalá que nosotres (volar) _____ en primera clase.

Actividad 16.7

Una noticia preocupante
Complete the dialogue below with the correct forms of the verbs in the present subjunctive.

Alicia: Sonia, no creo que Marco 1. (saber) _____ que su abuela está hospitalizada.

Sonia: No, no lo sabe aún. Temo que 2. (ser) _____ una noticia muy desagradable, pero es importante que tú le 3. (decir) _____ la verdad.

Alicia: Es cierto. Espero que Marco 4. no (salir) _____ de la casa corriendo y 5. no (hacer) _____ nada insensato.

Sonia: Hay que tomar precauciones, pero es importante que tú le 6. (dar) _____ la noticia hoy mismo.

Alicia: Sí, pero no creo que Marco 7. (ir) _____ al hospital de inmediato.

Sonia: Tienes razón. Ya es tarde.

Alicia: Bueno, se lo diré. Esperemos que no haya complicaciones y que su abuela se recupere pronto.

Actividad 16.8

Una boda

Your friend is getting married. Write sentences with six different subjunctive phrases from the list below, showing your reaction to this wonderful piece of news.

Ojalá que…, Quiero que…, Deseo que…, Espero que…, Me alegro de que…, Me encanta que…, No creo que…, Es necesario que…, Es importante que…

Actividad 16.9

Complete this activity with a partner.

Read the situations in the left column. Take turns reacting to them with one of the subjunctive phrases from the right column.

Ejemplo: Juan está resfriado. —Ojalá que **se recupere** pronto. or Siento que **esté** resfriado. or Es necesario que **vaya** al doctor.

Situación	Reacción
1. Estoy resfriado y tengo fiebre.	Ojalá que…, Quiero que…, Deseo que…, Necesito que…, Espero que…, Recomiendo que…, Sugiero que…, Aconsejo que…, Insisto en que…, Digo que…, Prohíbo que…, Permito que…, Pido que…
2. Me caí y tengo un moretón en la rodilla.	
3. No participaré en el próximo partido.	
4. Estoy aprendiendo a andar en patineta.	Me alegro de que…, Me gusta que…, Me encanta que…, Temo que…, Siento que…, Me molesta que…
5. Quiero aprender a esquiar.	Dudo que…, ¿Crees que…?, No creo que…, No es cierto que…
6. Voy a hacer alpinismo con mis amigos.	
7. Quiero mantenerme en buena forma.	Es necesario que…, Es importante que…, Es triste que…, Es mejor que…, Es bueno que…, Es una lástima que…

Actividad 16.10

Una cita médica

Paso 1. Look at the words below and write their English translation.

1. la fiebre
2. los escalofríos
3. la tos
4. el dolor muscular/de cabeza
5. la gripe
6. el virus
7. doler
8. examinar
9. medir la temperatura/la presión
10. recetar una medicina
11. guardar reposo

Paso 2. Complete this activity with a partner. Use the vocabulary from Paso 1.

Estudiante A: You have the flu and go to see a doctor. Describe your symptoms and use the subjunctive to ask for recommendations.

Estudiante B: You are a doctor and your patient has the flu. Tell him/her/them how you feel about the symptoms he/she/they describe(s) and give recommendations. Use the subjunctive.

C. EL PRESENTE DE SUBJUNTIVO EN CLÁUSULAS ADVERBIALES

In Spanish, adverbial conjunctions can be used with the subjunctive or the indicative.

Some adverbial conjunctions are always followed by the subjunctive: **c**on tal de que, **a**ntes de que, **s**in que, **p**ara que, **a** menos que (acronym: **caspa).**

Ejemplos:
* Quiero graduarme <u>antes de que</u> **tenga** 30 años.
* Norberto, ponte el abrigo <u>para que</u> no **tengas** frío.

The following adverbial conjunctions can be used with both the subjunctive and the indicative: **m**ientras, **a**unque, **t**an pronto como, **c**uando, **h**asta que, **e**n cuanto, **d**espués de que, **c**omo, **d**onde, **s**egún (acronym: **matched cds**).

Use the subjunctive when expressing anticipation or referring to the future.

Ejemplos:
* Pienso hacer mi tarea <u>cuando</u> **llegue** a mi casa.
* Te llamaré <u>tan pronto como</u> **aborde** el avión.

Use the indicative when stating facts or expressing habitual actions.

Ejemplos:
* <u>Cuando</u> **duermo** bien, mi cerebro funciona mejor.
* La madre prepara el desayuno <u>después de que</u> los niños **se levanten.**

PRÁCTICA

Actividad 16.11

Complete the dialogue below with the correct forms of the verbs in the present subjunctive.

1. Mi amigo siempre me presta dinero con tal de que se lo (devolver) _____.
2. Debéis entregar vuestro informe antes de que (empezar) _____ el nuevo trimestre.

3. Lucía siempre pone los regalos bajo el árbol sin que lo (notar) _____ sus hijos.

4. Esta semana haré todos los quehaceres para que mi madre (descansar) _____.

5. Mañana estaré en Colombia a menos que (cancelarse) _____ el vuelo.

Actividad 16.12

Complete the following sentences with the correct forms of the verbs in the present subjunctive or the present indicative.

1. Yo siempre escucho música mientras (estudiar) _____.
2. Vamos a ir al concierto cuando (terminar) _____ de hacer la tarea.
3. Me lavaré las manos tan pronto como (acabar) _____ de comer.
4. Me acuerdo de ti cuando (escuchar) _____ esta canción.
5. El señor Marías le va a llamar en cuanto (poder) _____.
6. Vosotras iréis a la playa aunque (llover) _____.
7. Cuando (hacer) _____ buen tiempo, salimos a pasear.

Actividad 16.13

Finish the following sentences with the present subjunctive or the present indicative.

1. Voy a llamarte tan pronto como _____.
2. Quiero viajar al extranjero aunque _____.
3. Necesito ver a mis amigos cuando _____.
4. Chicos, lean este libro para que _____.
5. Es importante concentrarte mientras _____.
6. Te recomiendo que te duches después de que _____.
7. Carmela, llama a tu madre antes de que _____.

Actividad 16.14

Aniversario

Complete the following dialogue with the correct forms of the verbs in the present subjunctive. When objects are indicated after a slash, use appropriate object pronouns.

Elena: ¿Cenamos hoy o mañana?

Luís: Cuando tú 1. (querer) _____.

Elena: ¿En la casa o en un restaurante?

Luís: Donde tú 2. (decir/a mí) _____.

Elena: ¿Probamos comida cubana o salvadoreña?

Luís: Según tú 3. (preferir) _____.

Elena: ¿Hago una reservación para las 6 o para las 8?

Luís: Como tú 4. (desear) _____.

Elena: ¿Cuándo intercambiamos regalos?

Luís: En cuanto yo 5. (llegar) _____.

Actividad 16.15

La tarea

Your friend is asking you for help with a difficult assignment. Assure your friend that you will help with this assignment, provided that some of your conditions are met. Write an email to your friend describing these conditions. In your email, include phrases such as *antes de que..., para que..., a menos que..., mientras..., aunque..., tan pronto como..., cuando..., hasta que..., en cuanto...,* and *después de que...*.

Actividad 16.16

Planes

Complete this activity with a partner.

Paso 1. Think about your plans for the upcoming break. Write down five things that you intend to do. Include various forms of the subjunctive that you have learned (nominal and adverbial clauses).

Paso 2. Share your plans with your partner. Ask questions to find out what he/she/they is/are going to do.

Paso 3. Make arrangements to do four things together. Use phrases from Paso 1.

¿SABÍAS QUE...?

Antes de leer.

Answer the following questions. Share your opinions with the class.

1. ¿Qué deportes son los más populares en tu comunidad de origen? ¿Te gusta mirar estos deportes?
2. ¿Qué opinión tienes del boxeo o de la lucha libre? ¿Has visto alguna vez un partido en directo o en televisión?
3. ¿Crees que el género influye en el tipo de deporte que se practica? ¿Crees que la sociedad tiende a estereotipar deportes basándose en el género?

A leer.

Cholas voladoras: Más que un espectáculo de lucha en Bolivia

Jspring / shutterstock

Las cholas voladoras, o cholitas luchadoras, como también se las conoce, son un grupo de mujeres indígenas bolivianas que cada semana se suben a un ring de boxeo para participar en un tipo de lucha a camino entre la WWE americana y la lucha libre mexicana. Para el espectador, una de las cosas más llamativas es ver a este grupo de luchadoras competir con sus trajes típicos, que en su mayoría consisten en largas y voluminosas faldas de múltiples capas, coloridos chales y hasta el tradicional sombrero boliviano, el bombín. Sin embargo, detrás del llamativo atuendo se esconde una historia de reivindicación y orgullo que pocos conocen.

La historia de este espectáculo de lucha femenina se remonta a principios del 2000, cuando Juan Mamani, un luchador libre mexicano, reunió y comenzó a entrenar en dicho deporte a un grupo de mujeres residentes en El Alto, la segunda ciudad más poblada de Bolivia. La idea era rentabilizar los estadios de lucha que se quedaban vacíos cuando terminaba la temporada masculina de lucha. Sin embargo, las cholitas luchadoras son hoy en día tan famosas en Bolivia que no sólo comparten temporada y estadios con sus antagonistas masculinos, sino que protagonizan hasta luchas mixtas con ellos. Los eventos se convierten así en espectáculos para la gente local y para los turistas y en un ingreso económico significativo para estas mujeres. Alrededor de 50 mujeres conforman el equipo y son sometidas a un duro régimen de entrenamiento en el que se les exige que levanten pesas, escalen montañas y aprendan complicadas coreografías de saltos y golpes. El entrenamiento físico va parejo al emocional, ya que casi todas tienen un alter ego artístico en el ring y fuera de él, como en el caso de Ángela La Folklorista o Juanita la Cariñosa.

La mayoría de las cholitas voladoras son de orígen aimara, una comunidad indígena que ha sufrido la explotación y opresión étnica desde tiempos de la colonia, cuando, entre otras cosas, se les impedía votar, poseer tierras e incluso alfabetizarse y se les obligaba a adaptarse a costumbres europeas. Desde entonces, su lucha por la reivindicación de su dignidad y sus derechos ha sido incansable. Los aimaras esperan que se les respete y se les escuche, y son activos participantes en movimientos sociales. El último del que formaron parte derrocó con éxito al ex-presidente boliviano Gonzalo Sánchez de Lozada —acusado de asesinatos civiles extrajudiciales—, y ayudó a subir al poder a un político aimara, Evo Morales, que fue presidente de Bolivia del 2006 al 2019.

La trascendencia que las cholitas voladoras tienen en la sociedad boliviana actual va más allá de su contribución al turismo o de sus reivindicaciones políticas. Como señaló la viceministra boliviana de políticas comunicacionales, Claudia Espinoza, estas mujeres crean una imagen diferente de Bolivia, trayendo consigo aires modernos y postmodernos, popularizando una actividad que no existía con anterioridad en el país y que sólo practicaban los hombres. Hoy en día, esas mujeres indígenas tienen un valor trascendental en la vida política, económica y social de Bolivia. Son un símbolo del país que representa la superación del colonialismo y el sometimiento.

Después de leer.

1. ¿Qué deporte practican las cholitas voladoras? ¿Por qué otros deportes están influenciadas?

2. ¿Qué crees que simboliza la vestimenta de las cholitas voladoras?

3. ¿Por qué decidió Juan Mamani reclutar solamente a mujeres?

4. ¿Qué preparación física es importante que tengan estas mujeres bolivianas para llegar a ser cholitas voladoras?

5. ¿Qué ejemplos de opresión de la comunidad aimara en tiempos de la colonización se dan en el texto?

6. Escribe dos acontecimientos políticos bolivianos en los que la comunidad aimara ha tenido un gran impacto.

7. Reflexiona sobre lo que dice Claudia Espinoza sobre el valor transcendental que estas mujeres indígenes tienen en la vida política, económica y social de Bolivia.¿Puedes pensar en algún grupo o movimiento social que tenga un impacto similar en tu comunidad o país?

A ESCRIBIR

Paso 1. La composición
Antes de escribir.

Look at the activity below and try to identify the titles of these films and TV shows in English. Then match the phrases in column A with the phrases in column B. Then underline the part of the sentences that triggers the use of the subjunctive.

1. En *Titanic*, Rose quiere que	a. use su magia sólo para hacer el bien.
2. En *Harry Potter*, los maestros esperan que Harry	b. sea el próximo rey de la selva.
3. En *La guerra de las galaxias*, Luke Skywalker no cree que	c. gane el trono de hierro.
4. En *El Hombre Araña*, Peter Parker espera que	d. la gente no sepa que es un superhéroe.
5. En *El rey león*, los animales le piden a Simba que	e. los otros jugadores mueran para poder avanzar.
6. No es cierto que en *Juego de tronos* la casa Lannister	f. Jack vaya con ella en el bote salvavidas.
7. En *Los juegos del hambre* los protagonistas necesitan que	g. los jueces critiquen su actuación.
8. En *La voz*, los participantes no desean que	h. su padre esté vivo.

A escribir.

Now read the prompt below and write a composition. In your composition, include some of these connectors for cohesion.

primero	first
después	after/later/then
por otro lado	on the other hand
también	also
además	in additon/besides
sin embargo	however
no obstante	nonetheless

Un final alternativo. Think about your favorite TV show, film, or series on Netflix, Amazon, Hulu, etc. and write an alternative ending for it. In your text, use the present subjunctive to express what you want, hope, or expect to happen, as well as what you doubt might happen. Write about 10 sentences.

Después de escribir.

Proofread your composition:

- Did you use a variety of expressions that require the use of the subjunctive?
- Did you conjugate verbs in the correct form of the present subjunctive?
- Did you include at least three connectors from the list?

Paso 2. Trabajo en pareja

Work with a partner to review each other's composition and give each other feedback.

1. Share your composition with your partner. As you read your partner's work, focus on the following:
   - Have the ideas been developed fully? If not, provide suggestions to make it more comprehensive.
   - Are appropriate connectors used to link ideas? If not, offer some examples to enhance cohesion.
   - Is the subjunctive used in appropriate contexts and conjugated correctly? If not, underline the verbs and nominal and/or adverbial clauses with errors. Suggest the correct tenses and provide examples of appropriate subjunctive phrases.

Once you have completed these steps, return the composition to your partner.

2. Look closely at your composition, noting the marked errors and reflecting on your partner's suggestions. Ask your instructor if you have any questions. Then rewrite it, taking into account your partner's feedback and correcting all grammatical errors. Hand in the final draft to your instructor.

¡Has aprendido mucho! ¡Enhorabuena!

CHAPTER 16 ANSWER KEY

Actividad 16.1

1. acepte
2. arreglés
3. no anuncie
4. compren
5. no comparta
6. regrese
7. tome
8. hables
9. conteste
10. estudie

Actividad 16.2

1. Dudo que pronto iniciemos un proyecto.
2. No es cierto que el proyecto incluya temas difíciles.
3. No creo que investiguemos varios temas.
4. No es verdad que muchas personas participen en este proyecto.
5. No pienso que el proyecto se reparta entre varias personas.

Actividad 16.4

1. lógico
2. ilógico
3. lógico
4. lógico
5. ilógico
6. ilógico
7. lógico

Actividad 16.6

1. sirva
2. entiendas
3. consiga
4. mientan
5. puedan
6. apaguéis
7. repita
8. obedezcamos

9. pierda
10. volemos

Actividad 16. 7

1. sepa
2. sea
3. digas
4. no salga
5. no haga
6. des
7. vaya

Actividad 16.10

Paso 1.

1. fever
2. chills
3. cough
4. muscle pain/headache
5. the flu
6. virus
7. to ache/hurt
8. to examine
9. to take a temperature/blood pressure
10. to prescribe a medication
11. to rest

Actividad 16.11

1. devuelva
2. empiece
3. noten
4. descanse
5. se cancele

Actividad 16.12

1. estudio
2. terminemos
3. acabe
4. escucho

5. pueda
6. llueva
7. hace

Actividad 16.14

1. quieras
2. me digas
3. prefieras
4. desees
5. llegue

¿Sabías que...?

Después de leer.

1. Practican la lucha libre y están influenciadas por la WWE americana y la lucha libre mexicana.
2. Answers will vary.
3. Juan Mamani decidió reclutar a mujeres porque los estadios estaban vacíos cuando la temporada masculina acababa y lo vio como una gran oportunidad económica.
4. Es importante que levanten pesas, hagan escalada de montaña y practiquen coreografías complicadas.
5. Durante la colonia, a la comunidad aimara se la privó de los derechos a voto, propiedad de la tierra y alfabetización.
6. La comunidad aimara ha participado en muchos acontecimientos, desde el derrocamiento del presidente Gonzalo Sánchez de Lozada hasta la subida a la presidencia de Evo Morales.
7. Answers will vary.

A escribir.

Antes de escribir.

1. f
2. a
3. h
4. d
5. b
6. c
7. e
8. g

APPENDIX 1

USING DIRECT NON-BINARY SPANISH

In the United States alone, more than 1.2 million people openly identify as non-binary (Wilson & Meyer, 2021). Instructors and learners of the Spanish language therefore inevitably face the need to recognize non-binary identities when speaking Spanish. Both in the United States and in other Spanish-speaking countries and communities, efforts to foster gender-inclusive environments in Spanish have ranged from using epicene and collective nouns to orthographic markers such as -@ or -x. In spite of the opposition of some politicians, linguists, and institutions such as the *Real Academia Española* (RAE, Royal Spanish Academy), it is the use of -*e* as a non-binary morphological form that appears to be taking hold in oral and written languages in Latin America, Spain, and the Spanish-speaking communities of the United States (Bonnin & Coronel, 2021; Diaz et al., 2022; Giamatteo, 2020; Guerrero Salazar, 2021; Papadopoulos, 2019; Parra & Serafini, 2021; Raiter, 2020; Stetie & Zunino, 2022; Tosi, 2019).

Having examined the existing literature on the topic, along with the experiences of Spanish-language instructors and members of non-binary communities in Spain, Latin America, and the United States, in this grammar guide we adopt *elle* as a gender-neutral pronoun and -*e* as a non-binary morphological form.

Already widely used, the latter resolves many linguistic issues and addresses cultural and social questions that arise due to the extant phonological and morphological characteristics of Spanish (e.g., epicene nouns such as *estudiante*). Therefore, the gender-neutral *le chique* (the young person, non-binary, singular) instead of *la chica* (the girl, feminine, singular) or *el chico* (the boy, masculine, singular), and the gender-neutral *les chiques* (the young people, non-binary, plural) instead of the masculine generic *los chicos* (the boys and the boys and girls, plural), easily integrate into the Spanish language. While we understand that reflecting these changes is tantamount to capturing a moving target, we hope that this grammar guide will provide learners with a snapshot of the actively evolving path that Spanish is on at the time of publication.

It is worth noting that, in spite of the limitations it may entail, we use "non-binary" as an umbrella term to refer to individuals who characterize themselves outside of the gender binary, for example, as neither exclusively male nor exclusively female, as both, as anywhere in between, as genderless, and/or as male and female at different times. Similarly, we use "non-binary language" and "gender-neutral language" to describe linguistic forms that are neither masculine nor feminine and are often used to refer to people outside of the binary gender forms of the Spanish language. It is important to consider that because not all non-binary individuals use non-binary language to refer to themselves, and not all individuals who use non-binary language self-identify as non-binary, it is generally best to follow an individual's lead on which linguistic forms to use.

GENDER OF PEOPLE

Masculino	Femenino	No binario
hombre, chico	mujer, chica	elle, chique = they; young person
él	ella	elle = they; non-binary person
el padre	la madre	le adre / le xadre = non-binary parent

GENDER OF NOUNS REFERRING TO PEOPLE

Use *-e* as a non-binary morphological form.

Masculino	Femenino	No binario
-o,	*-a*	*-e*
el hijo	la hija	le hije
el cocinero	la cocinera	le cocinere

Masculino	Femenino	No binario
-consonante	*-a*	*-e*
el profesor	la profesora	le profesore
el pintor	la pintora	le pintore
-ante, -ista	*-ante, -ista*	*-ante, iste*
el estudiante	la estudiante	le estudiante
el deportista	la deportista	le deportiste
otras terminaciones	*otras terminaciones*	*otras terminaciones*
el paciente	la paciente	le paciente
el rey	la reina	le reine

ADJECTIVES

Masculino	Femenino	No binario
-o	*-a*	*-e*
bonito(s)	bonita(s)	bonite(s)
listo(s)	lista(s)	liste(s)
-or	*-ora*	*-ore*
trabajador(es)	trabajadora(s)	trabajadore(s)
encantador(es)	encantador(as)	encantadore(s)

Some adjectives retain their gender and agree with the noun only in its plural form.

Masculino	Femenino	No binario
-e	*-e*	*-e*
inteligente(s)	inteligente(s)	inteligente(s)
triste(s)	triste(s)	triste(s)
-consonante	*-consonante*	*-consonante*
joven(es)	joven(es)	joven(es)
difícil(es)	difícil(es)	difícil(es)

INDEFINITE ARTICLE

	Singular	Plural
masculino	**un** un chico, un libro, un anuncio	**unos** unos chicos, unos libros, unos anuncios
femenino	**una** una chica, una casa, una pregunta	**unas** unas chicas, unas casas, unas preguntas
no binario	**une** une chique, une hermane, une sobrine	**unes** unes chiques, unes hermanes, unes sobrines

DEFINITE ARTICLE

	Singular	Plural
masculino	**el** el chico, el libro, el anuncio, el auto	**los** los chicos, los libros, los anuncios, los autos
femenino	**la** la chica, la casa, la pregunta, la mesa	**las** las chicas, las casas, las preguntas, las mesas
no binario	**le** le chique, le hermane, le sobrine, le abuele	**les** les chiques, les hermanes, les sobrines, les abueles

CARDINAL NUMBERS

1 – uno/un/una/une/unos/unas/unes	11 – once	21 – veintiuno/veintiún/veintiuna/veintiune/veintunos/veintiunas/veintiunes	40 – cuarenta	200 – doscientos/as/es
2 – dos	12 – doce	22 – veintidós	50 – cincuenta	300 – trescientos/as/es
3 – tres	13 – trece	23 – veintitrés	60 – sesenta	400 – cuatrocientos/as/es
4 – cuatro	14 – catorce	24 – veinticuatro	70 – setenta	500 – quinientos/as/es
5 – cinco	15 – quince	25 – veinticinco	80 – ochenta	600 – seiscientos/as/es
6 – seis	16 – dieciséis	26 – veintiséis	90– noventa	700 – setecientos/as/es
7 – siete	17 – diecisiete	27 – veintisiete	100 – cien/ciento	800 – ochocientos/as/es
8 – ocho	18 – dieciocho	28 – veintiocho		900 – novecientos/as/es
9 – nueve	19 – diecinueve	29 – veintinueve		1000– mil
10 – diez	20 – veinte	30 – treinta		1.000.000– un millón

ORDINAL NUMBERS

1° – primero/a/e	11° – undécimo/a/e	30° – trigésimo/a/e	200° – ducentésimo/a/e
2° – segundo/a/e	12° – duodécimo/a/e	40° – cuadragésimo/a/e	300° – tricentésimo/a/e
3° – tercero/a/e	13° – decimotercero/a/e	50° – quincuagésimo/a/e	400° – cuadringentésimo/a/e
4° – cuarto/a/e	14° – decimocuarto/a/e	60° – sexagésimo/a/e	500° – quingentésimo/a/e
5° – quinto/a/e	15° – decimoquinto/a/e	70° – septuagésimo/a/e	600° – sexcentésimo/a/e
6° – sexto/a/e	16° – decimosexto/a/e	80° – octogésimo/a/e	700°– septingentésimo/a/e
7° – séptimo/a/e	17° – decimoséptimo/a/e	90° – nonagésimo/a/e	800° – octingentésimo/a/e
8° – octavo/a/e	18° – decimoctavo/a/e	100° – centésimo/a/e	900° – noningentésimo/a/e
9° – noveno/a/e	19° – decimonoveno/a/e	101° – centésimo primero/a/e	1000° – milésimo/a/e
10° – décimo /a/e	20° – vigésimo/a/e		1000000° – millonésimo/a/e
	21° – vigésimo primero/a/e		
	22° – vigésimo segundo/a/e		
	23° – vigésimo tercero/a/e		

PRÁCTICA

ANATOMÍA DE GREY

Antes de leer.

In small groups, discuss and answer the following questions.

1. ¿Qué series de TV, de Netflix u otro servicio en línea te gustan? ¿Por qué?
2. ¿Piensas que es importante que la televisión represente a diferentes grupos de personas? ¿Por qué?
3. ¿Piensas que hoy en día es diversa la representación de las personas en TV? Da algunos ejemplos.

A leer.

Read the following text and write the non-binary forms of the words in parentheses.

Anatomía de Grey[1]

Los seguidores de *Anatomía de Grey* van a encontrar nuevas sorpresas en la emisión de su decimoctava temporada. La primera noticia es que hemos podido conocer a Kai Bartley, 1. (doctor) _____ no binarie que formará parte del elenco de la serie de Disney y que va a aparecer brevemente en el tercer episodio de esta temporada. Dando vida al personaje de Kai, le 2. (nuevo actor, productor y guionista) _____ E. R. Fightmaster también ha gustado mucho a los fans de la serie. Fightmaster se identifica como 3. (persona) _____ no binarie y no es une 4. (desconocido) _____ para el público, ya que ha actuado con anterioridad en otras series como *Shrill*.

En la serie, Kai Bartley es une 5. (miembro muy inteligente) _____ del equipo de investigación de Meredith en el hospital de Minnesota. Aparece como une 6. (individuo estudioso) _____ que muestra un talento tremendo en todo lo que hace. Aunque es le primere 7. (protagonista) _____ de género no binario de la serie, no se trata del primer personaje LGTBIQ+ que ha pasado por el hospital de *Anatomía de Grey*. Tenemos el caso del doctor Levi Schmitt, el actor trans Alex Blue Davis, quien encarnó al residente de cirugía Casey Parker. Una vez más, la serie *Anatomía de Grey* da un paso adelante hacia la inclusión y representación. ¡Excelente trabajo!

A hablar.

Complete the following activity in pairs. Write down your answers and share with the class.

1. Mencionen tres cosas que les parecieron interesantes en este texto. Háganse preguntas para aprender quién sabe más sobre esta serie.
2. Consideren otras series que representan un grupo diverso de personas. Si no conocen ninguna otra, busquen información en la red.

A escribir.

In 2022 Sara Ramirez who played Calliope Torres in "Grey's Anatomy" came out as non-binary. Look up information online, and write a short biography about

---

1. From "Diversidad e inclusión en mundo real y en ficción," by M. Fages Agudo and L. Stepanyan, 2021, *Publicaciones del CeDE*, p. 12. Copyright 2021 by Publicaciones CEDE, OER. Reprinted with permission.

Sara Ramirez using non-binary language in Spanish. Mention their background, education, career, etc.

Reflexión.
Read the following questions and discuss in small groups. Prepare to share with the class.

1. ¿Qué les ha parecido obtener más información sobre el lenguaje no binario?
2. ¿Les pareció fácil o difícil usar las formas no binarias al escribir su texto?
3. ¿Creen que es importante usar formas no binarias en español? ¿Por qué?
4. Hasta el día de hoy, instituciones oficiales como la Real Academia Española no han reconocido el uso de lenguaje no binario en español. ¿Qué opinan de este hecho?

APPENDIX 1 ANSWER KEY
Anatomía de Grey
A leer.

1. doctore
2. nueve actore, productore y guioniste
3. persone
4. desconocide
5. miembre muy inteligente
6. individue estudiose
7. protagoniste

REFERENCES

Bonnin, J. E., & Coronel, A. A. (2021). Attitudes toward gender-neutral Spanish: Acceptability and adoptability. *Frontiers in Sociology*, *6*, 629616. https://doi.org/10.3389/fsoc.2021.629616

Diaz, A. R., Mejía, G., & Villamizar, A. G. (2022). Gender neutral and non-binary language practices in the Spanish language classroom: Tensions between disciplinary and societal changes. *L2 Journal, 14*(3), 1–17. https://doi.org/10.5070/L214356302

Fages Agudo, M., & Stepanyan, L. (2021, December). Diversidad e inclusión en mundo real y en ficción. *Publicaciones del CeDE*, 12. https://oerspanish.org/descargar-materiales

Giammatteo, M. (2020). El género gramatical en español y la disputa por el género. *Cuarenta Naipes, 3*, 177–198. https://fh.mdp.edu.ar/revistas/index.php/cuarentanaipes/article/view/4885

Guerrero Salazar, S. (2021). El lenguaje inclusivo en la universidad española: La reproducción del enfrentamiento mediático. *Círculo de Lingüística Aplicada a la Comunicación*, *88*(2021), 15–30. https://doi.org/10.5209/clac.78294

Papadopoulos, B. (2019) *Morphological gender innovations in Spanish of genderqueer speakers.* (MA thesis, University of California, Berkeley). https://escholarship.org/content/qt6j73t666/qt6j73t666_noSplash_56099570b0328c00c05bd4bbf77b85f4.pdf?t=q2njtl

Parra, M., & Serafini, E. (2021). "Bienvenidxs todes": El lenguaje inclusivo desde una perspectiva crítica para las clases de español. *Journal of Spanish Language Teaching, 8*(2), 143–160. https://doi.org/10.1080/23247797.2021.2012739

Raiter, A. (2020). Variación lingüística e identidad. *Cuarenta Naipes, 3*, 275–294. https://fh.mdp.edu.ar/revistas/index.php/cuarentanaipes/article/view/4890

Stetie, N., & Zunino, G. (2022). Non-binary language in Spanish? Comprehension of non-binary morphological forms: A psycholinguistic study. *Glossa: A Journal of General Linguistics, 7*(1), 1–38. https://doi.org/10.16995/glossa.6144

Tosi, C. L. (2019). Marcas discursivas de la diversidad: Acerca del lenguaje no sexista y la educación lingüística: Aproximaciones al caso argentino. *Álabe, 10*(20), 1–20. https://doi.org/10.15645/Alabe2019.20.11

Wilson, B., & Meyer, I. (2021). *Nonbinary LGBTQ adults in the United States* (Brief, Williams Institute, UCLA School of Law).

APPENDIX 2

INTRODUCTION TO THE USE OF *VOSEO*

Voseo refers to the use of *vos* as a second-person singular pronoun and the verbal forms associated with it.

Spanish originated in the Iberian Peninsula as a dialect of spoken Latin, where *tú* was used as a second-person singular pronoun and *vos* as a plural. Over time, both *tú* and *vos* were used in Spain as the second-person singular pronoun. Eventually, *vos* evolved to become *vosotros*, the current second-person plural pronoun, and *tú* persisted in the second-person singular. While *vos* lost currency in Spain, it has survived in former Spanish colonies, particularly in regions with a greater cultural and geographic disconnect from Spain, such as Argentina and Uruguay. Today, at least one-third of the Spanish-speaking population of Latin America uses *voseo* (Bertolotti, 2015).

Due to a variety of linguistic and social factors, in many regions *voseo* came to be considered incorrect and vulgar. In others, however, such as in Argentina, the use of *voseo* is the norm. *Voseo* is not typically taught to learners of Spanish as a second language, due to its variation of uses across different regions, among other reasons. However, including *voseo* in classroom instruction introduces the variety of forms available to speakers of Spanish and the multiple social meanings that these forms convey while also promoting a more diverse and inclusive learning environment.

Among the multiple uses of this linguistic phenomenon are indicating intimacy and closeness, reprimanding, commanding, making requests, asking for favors, comforting, marking deference, setting distance, and complaining.

Ejemplos:
- Tú eres mi amigo. (= less intimacy) *versus* <u>Vos</u> sos mi amigo. (= greater intimacy)
- Vos no podés portarte así. (= reprimanding)

The use of *voseo* may be grouped in three subcategories:

Voseo pronominal (pronoun *vos* is used but verb conjugation corresponds to *tú*)

Ejemplo:

• Vos comes. Vos trabajas. (e.g., in some areas of Argentina)

Voseo verbal (pronoun *tú* is used but verb conjugation corresponds to *vos*)

Ejemplo:

• Tú comés. Tú trabajás. (e.g., in Uruguay)

Voseo "pleno" (pronoun *vos* is used and verb conjugation corresponds to *vos*)

Ejemplo:

• Vos comés. Vos trabajás. (e.g., in most of Argentina and Central America)

The verb forms that accompany *voseo verbal* and *voseo "pleno"* are described below.[1]

---

1. From *Voseo*, by Real Academia Española y Asociación de Academias de la Lengua Española, Diccionario panhispánico de dudas, n.d. (https://www.rae.es/dpd/voseo). In the public domain.

País	Presente de indicativo	Pretérito imperfecto de indicativo	Pretérito perfecto simple o pretérito de indicativo	Futuro de indicativo	Presente de subjuntivo	Pretérito imperfecto o pretérito de subjuntivo	Condicional	Imperativo
Argentina	cantás comés vivís		cantastes comistes vivistes		cantés comás vivás			cantá comé viví
Paraguay	cantás comés vivís		cantastes comistes vivistes		cantés comás vivás			cantá comé viví
Uruguay	cantás comés vivís		cantastes comistes vivistes		cantés comás vivás			cantá comé viví
Chile	cantái(s) comí(s) viví(s)	cantabai(s) comíai(s) vivíai(s)	cantastes comistes vivistes	cantarí(s) comerí(s) vivirí(s)	cantí(s) comái(s) vivái(s)	cantarai(s) comierai(s) vivierai(s)	cantaríai(s) comeríai(s) viviríai(s)	
Perú (Arequipa)	cantás comís vivís		cantastes comistes vivistes	cantarás comerís vivirís				cantá comé viví

Bolivia	cantáis/ cantás coméis/ comés vivís			cantés comás vivás	cantá comé viví
Ecuador	cantás/ cantáis comés/ comís vivís		cantarís comerís vivirís		cantá comé viví
Colombia	cantás comés vivís	cantastes/ cantates comistes/ comites vivistes/ vivites	cantarés comerés vivirés	cantés comás vivás	cantá comé viví
Venezuela	cantáis/ cantás coméis/ comés vivís	cantastes/ cantates comistes/ comites vivistes/ vivites	cantaréis/ cantarés comeréis/ comerés viviréis/ vivirés		cantá comé viví

País	Presente de indicativo	Pretérito imperfecto de indicativo	Pretérito perfecto simple o pretérito de indicativo	Futuro de indicativo	Presente de subjuntivo	Pretérito imperfecto o pretérito de subjuntivo	Condicional	Imperativo
Guatemala	cantás comés vivís		cantastes comistes vivistes	cantarés comerés vivirés	cantés comás vivás			cantá comé viví
El Salvador	cantás comés vivís		cantastes comistes vivistes	cantarés comerés vivirés	cantés comás vivás			cantá comé viví
Honduras	cantás comés vivís		cantastes comistes vivistes	cantarés comerés vivirés	cantés comás vivás			cantá comé viví
Nicaragua	cantás comés vivís		cantastes comistes vivistes		cantés comás vivás			cantá comé viví
Costa Rica	cantás comés vivís				cantés comás vivás			cantá comé viví
Panamá	cantái(s) coméi(s) vivís							cantá comé viví

México (Chiapas y Tabasco)	cantás comés vivís	cantastes comistes vivistes	cantarés comerés vivirés	cantá comé viví
Cuba (Oriente)	cantái(s) coméis(s) vivís		cantaréi(s) comeréi(s) vivíréi(s)	cantá comé viví

Note: The *Real Academia Española* provides more detail on verb conjugation: https://www.rae.es/dpd/voseo.

PRÁCTICA

Mafalda

Antes de explorar.

Answer these questions and share your answers with the class.

1. ¿Conocés alguna tira cómica (comic strip) popular? ¿Por qué creés que las tiras cómicas son populares?
2. ¿Te gustan? ¿Qué temas abordan?

Statue of Mafalda in Oviedo, Spain

A explorar.

Read the information below and answer the questions that follow.

Mafalda es la tira cómica más famosa del mundo hispanohablante. Mafalda tiene 6 años; es rebelde; y odia la sopa, las armas y las guerras (Lavado Tejón, 2023). ¿Pero qué es lo que le gusta?

Buscá en Internet algunas tiras cómicas para aprender más sobre Mafalda y luego contestá las preguntas abajo.

1. ¿Qué ejemplos del uso de voseo identificaste?
2. ¿Cuáles son algunos temas sociales o políticos que le interesan a Mafalda?
3. ¿Por qué creés que Mafalda es tan popular en Argentina y en el resto del mundo?
4. ¿Qué banda musical le gusta a Mafalda? ¿Por qué creés que le gusta esa banda en particular?
5. Según sus gustos musicales, ¿qué otros temas políticos y sociales creés que le interesan a Mafalda?
6. ¿Qué te parecieron estas tiras cómicas? ¿Qué otras tiras cómicas conocés que tratan de temas similares?

Bandas argentinas

Antes de leer.

Answer these questions and share your answers with the class.

1. ¿Conocés alguna canción en español? ¿Cantantes? ¿Bandas? ¿Te gustan?
2. ¿Qué pensás de canciones que abordan problemas sociales o políticos?

A leer.

Read this blog and complete the activities that follow.

Los Fabulosos Cadillacs

¿Querés saber un poco más de la música en español? Hoy en día diferentes géneros musicales, como el reguetón o la bachata, son conocidos mundialmente. ¿Quién no ha escuchado "Despacito" de Luis Fonsi en un bar o bailado "La vida loca" de Ricky Martin en una fiesta? Es más, según la revista *Rolling Stone*, "Gasolina" de Daddy Yankee es la canción latina que más marcó la cultura de Estados Unidos de los últimos años. Y esta tendencia no parece acabar; cantantes como Bad Bunny o Rauw Alejandro están aquí para quedarse. Seguro que esos sí los conocés, pero ¿sabés que hay cantantes y bandas de rock y de punk muy famosos en países hispanos? Hoy vamos a hablar de Los Fabulosos Cadillacs, una banda argentina que nació en Buenos Aires en 1984, para que vos tengás un poco más de bagaje musical.

Los Fabulosos Cadillacs es una banda muy peculiar. Los cuatro miembros iniciales no tenían ninguna formación musical, y su idea era solamente tocar música por diversión. Al principio su música tenía influencias muy fuertes de grupos de revival del ska de Inglaterra. Preparáte que te vamos a compartir que su primera actuación en un colegio de Buenos Aires fue un fracaso. Lo mismo pasó con su primer álbum, que fue criticado por inexperiencia y poca profesionalidad. Como podrás imaginar, con esos inicios desastrosos, pocos anticiparon que el grupo se mantuviera hasta la actualidad. Pero verás que a pesar de los obstáculos que enfrentaron y los numerosos cambios entre sus integrantes, lograron permanecer en el tiempo, creando música punk, reggae y dub y colaborando con músicos tan diversos como Celia Cruz, Debbie Harry o Fishbone. Su fama fue creciendo; sus canciones aparecieron en bandas sonoras de películas como *Savages* y recibieron numerosos premios como el de Mejor Video Musical de MTV Latino y el Grammy al Mejor Álbum Alternativo.

Vale la pena mencionar también que este grupo se caracteriza por expresar sus ideas políticas y su fuerte sentido latinoamericanista e indigenista. La canción "Gallo Rojo", por ejemplo, está dedicada a Che Guevara, mientras

"Matador", uno de sus éxitos internacionales, cuenta una historia contra las dictaduras militares sudamericanas. No obstante, sus letras abordan todo tipo de temas universales.

Para aprender más sobre el uso de *vos*, te invitamos a que <u>busqués</u> las letras de la canción "Vos sabés" y otras de sus canciones en internet. Los Cadillacs no decepcionan.

Después de leer.

Answer the following questions:

1. ¿Cuáles son algunas de las cosas que te parecieron interesantes en este blog?
2. ¿Conocés alguna de las canciones o cantantes que menciona el blog? ¿Qué te parecen?
3. Según el autor, ¿qué tiene de especial la banda Los Fabulosos Cadillacs?
4. ¿Pensás que Los Fabulosos Cadillacs es una banda exitosa? Justifica tu respuesta.
5. En tu opinión, ¿es importante que los músicos expresen ideas políticas en sus canciones? ¿Por qué?
6. Después de leer el fragmento de la canción "Vos sabés", ¿de qué creés que trata? Buscá en internet esta canción. ¿Te gusta? ¿Conocés alguna canción de un género similar?
7. Volvé a mirar el texto y explicá el uso de las palabras subrayadas.

APPENDIX 2 ANSWER KEY

A explorar.

1. Formas verbales como te acordás, tenés.
2. Hace crítica de la clase media argentina, de Wall Street, etc.
3. Answers will vary.
4. Los Beatles. Probablemente por su postura en cuestiones sociales y políticos.
5. Answers will vary.
6. Answers will vary.

Bandas Argentinas

Después de leer.

1. Answers will vary.
2. Answers will vary.

3. Los integrantes de esta banda no tenían ninguna formación musical; su primer álbum fue criticado, pero superaron los obstáculos.
4. Sí, la banda logró permanecer en el tiempo; ganó varios premios.
5. Answers will vary.
6. Answers will vary.
7. Son ejemplos de voseo.

REFERENCES

Bertolotti, V. (2015). *A mí de vos no me trata ni usted ni nadie. Sistemas e historia de las formas de tratamiento en la lengua española en América*. Universidad Nacional Autónoma de México y Universidad de la República de Uruguay.

Lavado Tejón, J. S. (2023). *Official Website of Joaquín Salvador Lavado Tejón (Quino)*. https://www.quino.com.ar/mafaldaenglish

Real Academia Española y Asociación de Academias de la Lengua Española. (n.d.) *Voseo*. Diccionario panhispánico de dudas. https://www.rae.es/dpd/voseo

CREDITS

Our heartfelt gratitude and appreciation to Alex Liu for their valuable contribution to this volume. Alex's insightful interview and the breathtaking image that they captured of Playa Blanca, Costa Rica have added depth, beauty, and character to chapter 9 of this book.